老科学家学术成长资料采集工程

中国科学院院士传记丛书

神经药理学王国的夸父

金国章传

高柳滨 李子艳 俞蕾平◎著

年 江永康

1947年 考入浙江大学药学系

1952年 至中科院上海药物研究所工作

1978年 获全国科学大会成果奖

1982年 访学法国

2001年 当选为中国科学院院士

老科学家学术成长资料采集工程
中国科学院院士传记 丛书

神经药理学王国的夸父

金国章传

高柳滨 李子艳 俞蕾平 ◎著

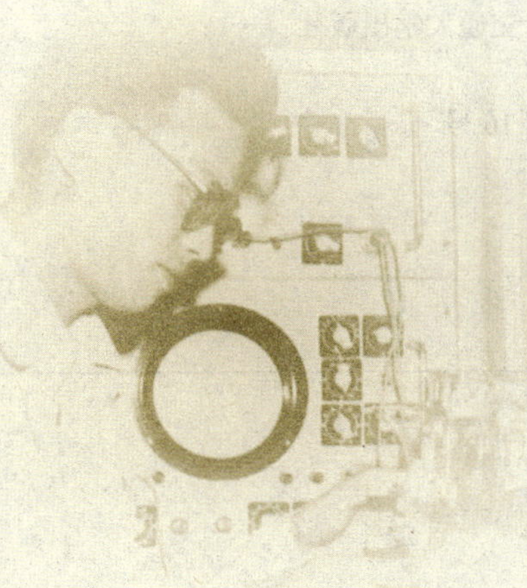

中国科学技术出版社
上海交通大学出版社

图书在版编目（CIP）数据

神经药理学王国的夸父 ：金国章传 / 高柳滨，李子艳，俞蕾平著. — 北京 ：中国科学技术出版社，2018.6

（老科学家学术成长资料采集工程丛书. 中国科学院院士传记丛书）

ISBN 978-7-5046-8056-3

Ⅰ. ①神… Ⅱ. ①高… ②李… ③俞… Ⅲ. ①金国章－传记 Ⅳ. ① K826.2

中国版本图书馆 CIP 数据核字 (2018) 第 125549 号

责任编辑	余　君
责任校对	杨京华
责任印制	李晓霖
版式设计	中文天地

出　　版	中国科学技术出版社　上海交通大学出版社
发　　行	中国科学技术出版社发行部
地　　址	北京市海淀区中关村南大街 16 号
邮　　编	100081
发行电话	010-62173865
传　　真	010-62173081
网　　址	http://www.cspbooks.com.cn

开　　本	787mm × 1092mm　1/16
字　　数	195 千字
印　　张	12.5
彩　　插	2
版　　次	2018 年 6 月第 1 版
印　　次	2018 年 6 月第 1 次印刷
印　　刷	北京华联印刷有限公司
书　　号	ISBN 978-7-5046-8056-3 / K · 242
定　　价	64.00 元

老科学家学术成长资料采集工程简介

老科学家学术成长资料采集工程（以下简称“采集工程”）是根据国务院领导同志的指示精神，由国家科教领导小组于2010年正式启动，中国科协牵头，联合中组部、教育部、科技部、工信部、财政部、文化部、国资委、解放军总政治部、中国科学院、中国工程院、国家自然科学基金委员会等11部委共同实施的一项抢救性工程，旨在通过实物采集、口述访谈、录音录像等方法，把反映老科学家学术成长历程的关键事件、重要节点、师承关系等各方面的资料保存下来，为深入研究科技人才成长规律，宣传优秀科技人物提供第一手资料和原始素材。

采集工程是一项开创性工作。为确保采集工作规范科学，启动之初即成立了由中国科协主要领导任组长、12个部委分管领导任成员的领导小组，负责采集工程的宏观指导和重要政策措施制定，同时成立领导小组专家委员会负责采集原则确定、采集名单审定和学术咨询，委托科学史学者承担学术指导与组织工作，建立专门的馆藏基地确保采集资料的永久性收藏和提供使用，并研究制定了《采集工作流程》《采集工作规范》等一系列基础文件，作为采集人员的工作指南。截至2016年6月，已启动400多位老科学家的学术成长资料采集工作，获得手稿、书信等实物原件资料73968件，数字化资料178326件，视频资料4037小时，音频资料4963小时，具有重要的史料价值。

采集工程的成果目前主要有三种体现形式，一是建设“中国科学家博物馆网络版”，提供学术研究和弘扬科学精神、宣传科学家之用；二是编辑制作科学家专题资料片系列，以视频形式播出；三是研究撰写客观反映老科学家学术成长经历的研究报告，以学术传记的形式，与中国科学院、中国工程院联合出版。随着采集工程的不断拓展和深入，将有更多形式的采集成果问世，为社会公众了解老科学家的感人事迹，探索科技人才成长规律，研究中国科技事业的发展历程提供客观翔实的史料支撑。

总序一

中国科学技术协会主席　韩启德

老科学家是共和国建设的重要参与者，也是新中国科技发展历史的亲历者和见证者，他们的学术成长历程生动反映了近现代中国科技事业与科技教育的进展，本身就是新中国科技发展历史的重要组成部分。针对近年来老科学家相继辞世、学术成长资料大量散失的突出问题，中国科协于2009年向国务院提出抢救老科学家学术成长资料的建议，受到国务院领导同志的高度重视和充分肯定，并明确责成中国科协牵头，联合相关部门共同组织实施。根据国务院批复的《老科学家学术成长资料采集工程实施方案》，中国科协联合中组部、教育部、科技部、工业和信息化部、财政部、文化部、国资委、解放军总政治部、中国科学院、中国工程院、国家自然科学基金委员会等11部委共同组成领导小组，从2010年开始组织实施老科学家学术成长资料采集工程。

老科学家学术成长资料采集是一项系统工程，通过文献与口述资料的搜集和整理、录音录像、实物采集等形式，把反映老科学家求学历程、师承关系、科研活动、学术成就等学术成长中关键节点和重要事件的口述资料、实物资料和音像资料完整系统地保存下来，对于充实新中国科技发展的历史文献，理清我国科技界学术传承脉络，探索我国科技发展规律和科技人才成长规律，弘扬我国科技工作者求真务实、无私奉献的精神，在全社会营造爱科学、学科学、用科学的良好氛围，是一件很有意义的事情。采集工程把重点放在年龄在80岁以上、学术成长经历丰富的两院院士，以及虽然不是两院院士、但在我国科技事业发展中作出突出贡献的老科技工作者，充分体现了党和国家对老科学家的关心和爱护。

自2010年启动实施以来，采集工程以对历史负责、对国家负责、对科技事业负责的精神，开展了一系列工作，获得大量反映老科学家学术成长历程的文字资料、实物资料和音视频资料，其中有一些资料具有很高的史料价值和学术价值，弥足珍贵。

以传记丛书的形式把采集工程的成果展现给社会公众，是采集工程的目标之一，也是社会各界的共同期待。在我看来，这些传记丛书大都是在充分挖掘档案和书信等各种文献资料、与口述访谈相互印证校核、严密考证的基础之上形成的，内中还有许多很有价值的照片、手稿影印件等珍贵图片，基本做到了图文并茂，语言生动，既体现了历史的鲜活，又立体化地刻画了人物，较好地实现了真实性、专业性、可读性的有机统一。通过这套传记丛书，学者能够获得更加丰富扎实的文献依据，公众能够更加系统深入地了解老一辈科学家的成就、贡献、经历和品格，青少年可以更真实地了解科学家、了解科技活动，进而充分激发对科学家职业的浓厚兴趣。

借此机会，向所有接受采集的老科学家及其亲属朋友，向参与采集工程的工作人员和单位，表示衷心感谢。真诚希望这套丛书能够得到学术界的认可和读者的喜爱，希望采集工程能够得到更广泛的关注和支持。我期待并相信，随着时间的流逝，采集工程的成果将以更加丰富多样的形式呈现给社会公众，采集工程的意义也将越来越彰显于天下。

是为序。

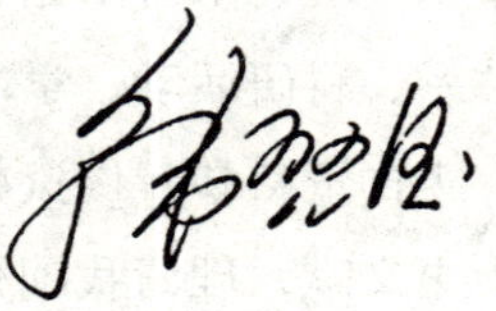

总序二

中国科学院院长　白春礼

由国家科教领导小组直接启动，中国科学技术协会和中国科学院等 12 个部门和单位共同组织实施的老科学家学术成长资料采集工程，是国务院交办的一项重要任务，也是中国科技界的一件大事。值此采集工程传记丛书出版之际，我向采集工程的顺利实施表示热烈祝贺，向参与采集工程的老科学家和工作人员表示衷心感谢！

按照国务院批准实施的《老科学家学术成长资料采集工程实施方案》，开展这一工作的主要目的就是要通过录音录像、实物采集等多种方式，把反映老科学家学术成长历史的重要资料保存下来，丰富新中国科技发展的历史资料，推动形成新中国的学术传统，激发科技工作者的创新热情和创造活力，在全社会营造爱科学、学科学、用科学的良好氛围。通过实施采集工程，系统搜集、整理反映这些老科学家学术成长历程的关键事件、重要节点、学术传承关系等的各类文献、实物和音视频资料，并结合不同时期的社会发展和国际相关学科领域的发展背景加以梳理和研究，不仅有利于深入了解新中国科学发展的进程特别是老科学家所在学科的发展脉络，而且有利于发现老科学家成长成才中的关键人物、关键事件、关键因素，探索和把握高层次人才培养规律和创新人才成长规律，更有利于理清我国科技界学术传承脉络，深入了解我国科学传统的形成过程，在全社会范围内宣传弘扬老科学家的科学思想、卓越贡献和高尚品质，推动社会主义科学文化和创新文化建设。从这个意义上说，采集工程不仅是一项文化工程，更是一项严肃认真的学术建设工作。

中国科学院是科技事业的国家队，也是凝聚和团结广大院士的大家庭。早在1955年，中国科学院选举产生了第一批学部委员，1993年国务院决定中国科学院学部委员改称中国科学院院士。半个多世纪以来，从学部委员到院士，经历了一个艰难的制度化进程，在我国科学事业发展史上书写了浓墨重彩的一笔。在目前已接受采集的老科学家中，有很大一部分即是上个世纪80、90年代当选的中国科学院学部委员、院士，其中既有学科领域的奠基人和开拓者，也有作出过重大科学成就的著名科学家，更有毕生在专门学科领域默默耕耘的一流学者。作为声誉卓著的学术带头人，他们以发展科技、服务国家、造福人民为己任，求真务实、开拓创新，为我国经济建设、社会发展、科技进步和国家安全作出了重要贡献；作为杰出的科学教育家，他们着力培养、大力提携青年人才，在弘扬科学精神、倡树科学理念方面书写了可歌可泣的光辉篇章。他们的学术成就和成长经历既是新中国科技发展的一个缩影，也是国家和社会的宝贵财富。通过采集工程为老科学家树碑立传，不仅对老科学家们的成就和贡献是一份肯定和安慰，也使我们多年的夙愿得偿！

鲁迅说过，“跨过那站着的前人”。过去的辉煌历史是老一辈科学家铸就的，新的历史篇章需要我们来谱写。衷心希望广大科技工作者能够通过“采集工程”的这套老科学家传记丛书和院士丛书等类似著作，深入具体地了解和学习老一辈科学家学术成长历程中的感人事迹和优秀品质；继承和弘扬老一辈科学家求真务实、勇于创新的科学精神，不畏艰险、勇攀高峰的探索精神，团结协作、淡泊名利的团队精神，报效祖国、服务社会的奉献精神，在推动科技发展和创新型国家建设的广阔道路上取得更辉煌的成绩。

白春礼

总序三

中国工程院院长　周　济

由中国科协联合相关部门共同组织实施的老科学家学术成长资料采集工程，是一项经国务院批准开展的弘扬老一辈科技专家崇高精神、加强科学道德建设的重要工作，也是我国科技界的共同责任。中国工程院作为采集工程领导小组的成员单位，能够直接参与此项工作，深感责任重大、意义非凡。

在新的历史时期，科学技术作为第一生产力，已经日益成为经济社会发展的主要驱动力。科技工作者作为先进生产力的开拓者和先进文化的传播者，在推动科学技术进步和科技事业发展方面发挥着关键的决定的作用。

新中国成立以来，特别是改革开放30多年来，我们国家的工程科技取得了伟大的历史性成就，为祖国的现代化事业作出了巨大的历史性贡献。两弹一星、三峡工程、高速铁路、载人航天、杂交水稻、载人深潜、超级计算机……一项项重大工程为社会主义事业的蓬勃发展和祖国富强书写了浓墨重彩的篇章。

这些伟大的重大工程成就，凝聚和倾注了以钱学森、朱光亚、周光召、侯祥麟、袁隆平等为代表的一代又一代科技专家们的心血和智慧。他们克服重重困难，攻克无数技术难关，潜心开展科技研究，致力推动创新发展，为实现我国工程科技水平大幅提升和国家综合实力显著增强作出了杰出贡献。他们热爱祖国，忠于人民，自觉把个人事业融入到国家建设大局之中，为实现国家富强而不断奋斗；他们求真务实，勇于创新，用科技为中华民族的伟大复兴铸就了辉煌；他们治学严谨，鞠躬尽瘁，具有崇高的科学精神和科学道德，是我们后代学习的楷模。科学家们的一生是一本珍贵的教科书，他们坚定的理想信念和淡泊名利的崇高品格是中华民族自强不息精神的宝贵财富，永远值得后人铭记和敬仰。

通过实施采集工程，把反映老科学家学术成长经历的重要文字资料、实物资料和音像资料保存下来，把他们卓越的技术成就和可贵的精神品质记录下来，并编辑出版他们的学术传记，对于进一步宣传他们为我国科技发展和民族进步作出的不朽功勋，引导青年科技工作者学习继承他们的可贵精神和优秀品质，不断攀登世界科技高峰，推动在全社会弘扬科学精神，营造爱科学、讲科学、学科学、用科学的良好氛围，无疑有着十分重要的意义。

中国工程院是我国工程科技界的最高荣誉性、咨询性学术机构，集中了一大批成就卓著、德高望重的老科技专家。以各种形式把他们的学术成长经历留存下来，为后人提供启迪，为社会提供借鉴，为共和国的科技发展留下一份珍贵资料。这是我们的愿望和责任，也是科技界和全社会的共同期待。

周济

金国章

2011 年 10 月 10 日，金国章院士与采集小组成员合影
（左起：李子艳、高柳滨、金国章、吕宝芬、俞蕾平、杨怀东。谷武栋摄）

2011 年 10 月 10 日，李子艳、俞蕾平在金国章院士家中书房收集资料（杨怀东摄）

序

采集小组按照中国科协项目的要求，要为我的科研生涯进行一次系统性总结，这对我本人和对采集小组成员来说，都是一项十分艰巨的工作。

一个人要对自己一生的科研工作进行正确评价是件艰难之事。正如苏东坡的《题西林壁》所言：横看成岭侧成峰，远近高低各不同；不识庐山真面目，只缘身在此山中。这最能表达我此时内心感受。耄耋之年，回顾平生的工作，自认为较有意义的工作主要有以下五点。

开启创新之门：中药延胡索的科学研究

据李时珍的《本草纲目》记载，中药延胡索的功效为“用之中的，妙不可言”。中国科学院上海药物研究所第一任所长赵承嘏院士从延胡索中分离出十多种结晶品（1928—1936 年），等待药理学的正确评价。如果说李时珍是我国古代药学研究的巨人，那么，赵所长则是开启了延胡索现代化研究之门的化学家。胥彬教授和我从赵所长手中接过接力棒，开展延胡索神经药理研究（1955—1964 年）。经过两代人约二十年的工作积累，确定了延胡索乙素（*l*-THP）是延胡索镇痛作用的主要有效基础物质，临床验证有效果。国家鉴定成为药品，获得国家新产品二等奖（1964 年），并载入药理学教本，正式列入国家药典（1977 年）。从而，为延胡索“用之中的，妙不可言”的“妙”字赋予了现代科学的内涵。

进入创新之门：提出两个发现和两个科学假说

我在神经药理领域具有创新意义的工作主要有两项。一是发现以左旋千金藤啶碱（*l*–SPD）为代表的四氢原小檗碱同类物（THPBs），具有 D_1 激动 –D_2 阻滞双重作用。但是，当时还不知道 *l*–SPD 特有的双重作用是如何发挥治疗效果的。经过深思熟虑，我提出了 *l*–SPD 匹配治疗精神分裂症的学说假设（《药理学进展》，2000 年；*TiPS*，2002 年）。后经临床初步验证：它对精神分裂症病人的阴性和阳性症状确有好效果。随着科研工作深入开展，我们又发现 *l*–SPD 的复合型双重匹配作用，即 D_1 激动和 5–HT_{1A} 激动 –D_2 阻滞和 D_3 阻滞。由 D_1 激动和 5–HT_{1A} 激动协同调控皮层下功能，D_2 阻滞抑制皮层下兴奋躁动，而 D_3 阻滞可消除长期服药所产生的迟缓性运动障碍，更显示出双重作用的完美性。动物试验又证实，这种双重匹配作用，不仅适用于其他精神性疾病的治疗，可能也有防治毒品复吸的功能。

二是发现以 *l*–THP 为代表的镇痛作用新机制。研究发现 *l*–THP 既不是吗啡样镇痛剂（1964 年），也不是消炎类镇痛剂（1982 年）。它是 D_2 受体阻滞剂，显示出安定作用（1987 年）。在随后的深入研究中，我们发现它以下丘脑弓状核 D_2 受体为“接口”，与脑干内啡肽系统相联系（1996—2000 年）。最令人惊奇的是，我们发现 *l*–THP 的 D_2 阻滞反而增强镇痛作用，称为“接口效应”。实际上，这就是 *l*–THP 调控内源性内啡肽的作用。由此我提出第二个科学假说，即 *l*–THP 对脑内阿片系统具有“内稳态”调控作用，成为镇痛机制。

由于上述工作的原始创新性，我曾先后获得中国科学院自然科学奖、上海市科技进步（自然科学）一等奖、何梁何利科技进步奖（2002 年）等荣誉。

笃志力行、勤思豁达是重要的科研素养

我能够持之以恒地研究 *l*–SPD 对多巴胺（DA）受体的双重作用和 *l*–THP 镇痛作用机制，有多方面的因素。首先，大学时代所受的教育，使

我立志要将自己所学的药理学知识与化学结构关系相结合，在中药科学现代化方针指导下，把某些中药神经药理作用机制阐述清楚（1952 年）。这成了我的科学信念。又因机缘巧合，受张昌绍教授的指点：“药物作用机制的指导作用，往往会超过具体药物，影响面更大，时间更持久，作用意义更深远。”在潜移默化中，我逐渐养成了“知其然，知其所以然”的科研思维。以上“两个发现和两个科学假说”的提出，正是受益于执着的科学信念和训练有素的科研思维。近年，思考取得这些工作成果的原因，可用爱因斯坦的名言来概括：提出问题比解决问题更重要，想象力比知识更重要。

在科研生涯的黄金时期，我接到国家任务，中断 *l*-THP 的安定作用机制研究有十四年之久（1964—1977 年）。“四人帮”粉碎后，当“科学春天”来到时，我已步入“知天命”之年。我有一种时不我待、只争朝夕的紧迫感，这让我更加勤奋工作。1982—1983 年，访学法国期间，受 M. Joucet 院士的研究成果启发，我有了新的科研思路。于是，我果断地选择回国发展。我用自己在法国节省下的生活费，购买了一些科研急需的试剂、小型仪器、低温冰箱（海运回国，至今性能良好），为回国工作做好准备。这些物品在我的实验工作中发挥了积极作用，保障了科研工作顺利开展。

学科交叉，合作研究，促进“假说”成为现实

我从事科研工作的时期，正值国际 DA 领域的开创期和鼎盛时期，又是分子生物学兴起年代。THPBs 作用于脑内 DA 的研究取得原始创新性成果，正是得益于多学科交叉合作研究的结果。首先是植物化学家陈嫦研究员及时提供了新药源 *l*-SPD；药物化学家周启霆研究员合成了 THPBs 系列同类物，成为 THPBs 神经药理学构效关系研究极为重要的物质基础；确定了双羟基 THPBs 才有 D_1 受体激动 $-D_2$ 受体阻滞双重作用的科学依据，又与中科院上海生化细胞研究所合作确定了 THPBs 旋光异构体的拓扑图。与药物化学家稽汝运院士和计算机筛选药物分子设计领域的陈凯先院士、蒋华良研究员合作，从分子生物学水平阐述了 *l*-SPD 双重作用机制。正是

由于多学科的合作研究，为双羟基-THPBs的D_1受体激动-D_2受体阻滞双重作用提供了科学依据，开阔了科学视野、丰富了科学内涵。

学科相融与师生共勉

唐代著名文学家、政治家韩愈的《师说》一文所言：弟子不必不如师，师不必贤于弟子，闻道有先后，术业有专攻，如是而已。这句话恰到好处地描述了我的科学教育理念。我很重视学生的奇思妙想，并不断鼓励他们攻克难题，发挥他们的特长，学生们也在以上科研成果中做出了自已的重要贡献。例如，课题组获得国家自然科学基金会药学和药理学部第一个重点课题，并取得好成绩（1992—1996年）；一位博士生获得中国科协第二届青年科技奖（1990年）、另一位获得中国科学院院长奖学金特别奖（1993年），为上海药物所争了光。

改革开放初期，名利思潮涌动，我曾明确提出“安贫乐道、志在前程、为国争光”，并将其书写在A4纸上，挂在实验室墙上与师生共勉（1992年）。其蕴意是希望师生们能认识到“知之者不如好之者，好之者不如乐之者”，乐道是最高境界；要登高望远，胸怀大志，关注科学发展；又要追求创新，做出好成果，为国争光。

科研的成功往往依靠集体的智慧。如果把我国科研事业比作浩瀚大海，那么我个人在其中所起的作用只是“沧海一粟”。

金国章

2016年1月

目 录

图片目录

导言

传主简介

金国章院士，1927 年生，浙江永康前渡金村人。我国自己培养的神经药理学家，中药现代化研究代表性人物之一。1947 年，考入浙江大学理学院药学系。1952 年服从国家分配，到中国科学院上海药物研究所工作至今。1959 年，有幸参加国庆十周年盛典观礼。1983 年加入中国共产党，1986 年晋升研究员。2001 年当选为中国科学院院士。金国章六十余年兢兢业业，钟爱药理学事业，并取得多项原创性研究成果。在他众多的研究成果中，卓著的是对中药延胡索的药理作用进行的系统性研究，并经科学验证，证实左旋四氢巴马汀（*l*-THP），是延胡索乙素的主要有效成分，有镇痛作用，是多巴胺（DA）受体阻滞剂；又发现它具有安定作用。随后，又偶然发现千金藤含有丰富的左旋四氢巴马汀成分，从而解决了药源问题，开发出新药颅痛定。1962 年，张昌绍教授和吕富华教授首次将这一研究成果引入他们主编的大学教材《药理学》中。1964 年正式成为药品 。1977 年正式列入《中华人民共和国药典》，嗣后载入 1985—2010 年国家药典诸版本（共计六版）中。此项研究工作成为继麻黄素研究之后的又一中药现代化的成功范例。国家给予的精神嘉奖从此激励金国章不断创新。延胡索研究成果：他以左旋四氢巴马汀（延胡索乙素）的安定作用为源头，开拓了四氢原小檗碱同类物（THPBs）作用于多巴胺（DA）受体的研究领域；发现左旋千金藤啶碱（*l*–SPD）具有 D_1 激动 D_2 阻滞双重作用，提出“匹配治疗精神分裂症的假设（matching hypothesis）”。2003 年经临床验证支持精神分裂症病因的新论点。自从 1964 年发现延胡索乙素的安定作用，于 1998 年在香山学术会议的阿片成瘾性防治专题讨论会上，第一次提出了延胡索乙素防治阿片成瘾的设想，此时已证实其具有调控内啡肽“内稳态”平衡功能。与军事医学科学院杨征等人合作，于 2008 年的临床中，该设想被初步证实有效果；与江汉大学生物医学研究院李超英教授合作，开展中国特色的科学防治海洛因复吸的综合研究，又取得其他成果。金国章在神经药理学领域的创新性研究，被我国老一辈著名神经药理学家周金黄和吕富华教授等人称为“我国中药科学研究成果的一个典范”。我国知名药理学家金荫昌认为他的工作是在中药药理研究与现代化药理学研究两个轴线上找到的一个极佳结合点。他的研究不仅是我们中药药理研究前进的一块模板，也是世界研究中国传统医药的模板。

这些来之不易的研究成果让金国章赢得了令人羡慕的一系列荣誉：1964 年，荣获国家计划委员会、经济委员会、科技委员会颁发的“四新”国家工业新产品奖二等奖。1989 年和 1998 年两次获中国科学院自然科学奖二等奖。1990 年获国家科技成果证书。1991 年获国家自然科学奖三等奖。2002 年获得“何梁何利基金科学与技术进步（医学药学）奖”。2004 年，获“中国药学发展奖和地奥药学科学技术奖（中药奖）一等奖”。

金国章院士毕生致力于药理学领域科研工作和人才培养。二十多年间他共培养学生三十八人。2007 年 5 月 10 日，获得中国科学院研究生院“杰出贡献教师”荣誉称号。2010 年兼任江汉大学武汉生物医学研究院院长，推动防治毒品复吸药物研究工作，并获得发明专利授权。主编药理学领域著作三部，参编其他著作三十六部。曾获得全国优秀科技图书奖三等奖（国家新闻出版总署），第二十四届华东地区科技出版社优秀科技图书一等奖。

采集工作情况

采集小组构成及运行机制

2011 年 4 月，中科院上海药物研究所同时启动金国章等三位院士学术成长资料的采集项目。该项目由所党委书记成建军牵头，所信息中心高柳滨主任总负责。金国章院士采集小组成员共五名，信息中心人员高柳滨和李子艳，负责采集工程的主体工作和传记撰写；上海科学事业发展中心主任张弘、李晨、瞿建华等人，负责协调及联系视频拍摄；另有与传主共事三十多年的课题组人员俞蕾平，负责与传主联络、资料采集和部分传记内容撰写工作；上海药物所档案室返聘的工作人员俞伟娟因家事在半年后退出小组。2012 年 3 月，返聘陈黎琳老师为采集小组进行资料整理及编目工作。

采集过程中，杨怀东负责采访现场的照片拍摄，信息服务部的老师负责学术论文全文采集及各类资料的复印、扫描。采集小组建立了良好的交流机制，时常就重要节点及重大问题进行业务研讨，成建军书记也常与会，给予指导。日常遇到困难与问题，及时沟通解决。此外，采集小组成员积极参加了中国科协及上海科协组织的每次学习、交流活动，回所后还组织了传达和讨论，以求目标明晰，步调一致。

采集工作思路与流程

自 2011 年 4 月，参加“老科学家学术成长资料采集工程培训”后，采集小组购买及借阅各类相关书籍，学习口述访谈的知识，阅读了中国科技史、现代传记学和多种名人传记。在初步了解传主生平概貌和重要成果的基础上，我们对传主学术成长过程进行了系统分析，拟订了工作思路，即以时间发展为主线，围绕其家庭背景、求学经历、师承关系、学术攻略等主要环节，梳理出对传主学术成长产生深刻影响的关键场合、关键人物及关键事件，抓住这些关键点，由点及面地收集资料、采访考察，先行完成传主一万多字的大事年表，为后续研究报告的撰写、理顺传主的学术思想脉络、提炼学术成长特征创造条件。

金国章院士思维清晰、语言表达能力强，但乡音较重难懂；他先后做过两次胃切除手术，也让他身体单薄、体质虚弱，难以长时间工作；课题组继任组长镇学初于 2011 年 7 月离职前往苏州大学担任医学部药学院院长，其课题组也于 2012 年初解散；参与过金国章重要科学研究工作的学生目前大部分都已旅居国外。对传主的直接采访和所需的间接访谈工作都面临不少困难。征求过中国科协采集工程小组专家意见后，确立了以金国章本人访谈为核心、间接访谈为辅助、资料档案为佐证的工作思路。根据传主精神状态和身体状况调整采访时间。采集小组及时将口头采访所整理文字稿反馈传主，消弭乡音可能造成的误解，待传主确认后归档上交老科学家采集工程馆藏基地留存。

已采集资料

学术成果：金国章先后发表专业论文一百二十余篇。其中，出版专业著述三十六种，专著三种，参编著作三十三种，获得发明专利授权六件。这些出版物、专利成果为我们研究金国章院士学术成长奠定了资料基础。

个人文集：2005 年，为祝贺金国章八十寿辰，中科院上海药物所编制的《汗水、机遇、理念——金国章纪念画册》，包括四部分：“传主自述”和“诠释我的科学人生和趣事”各一篇；学术论文八十一篇；中科院院长路甬祥院士、中科院韩启德院士、陈凯先院士、沈善炯院士及共事师生贺词、贺信三十多份；传主科研工作、生活照片集锦一百二十三幅。2007 年，由上海药物研究所编撰的《金国章论文选集》，系统收录了金国章 2005 年之前发表的代表性学术论文。此外，还有传主自撰的小文两篇。“家乡情”一文回忆了传主少儿时期和中年返乡祭母时家乡的风土人情。“汗水、理念、机遇”一文则是传主对自身学术成长经历的简短总结。上述画册、文集及散见的文章记录了金国章院士从大学至 2005 年的工作和学习经历，勾勒出金国章院士坎坷的求学历程，以及对药理学研究的执着追求和心路历程，如实反映了传主对工作的满腔热忱及难以忘怀的师生之情、同事情谊、家人亲情。这些第一手资料对传记写作无疑是雪中送炭。

口述访谈：采访工作中，采集小组成员根据金国章大事年表，事先整理出四次访谈详细大纲及其主题内容，在与传主反复沟通修改，达成一致意见后，根据传主要求每次视频访谈前，先用音频录音方式进行预访谈。传主根据预访谈录音材料整理的书面材料进行访谈内容的修改调整，以备正式访谈。采集小组对传主视频采访共计七次，有三次访谈，传主看过文字整理材料不满意，主动提出重新访谈。尊重传主意见，采集小组向项目馆藏基地上交了四次访谈视频材料，以及对传主妻子、儿子儿媳的视频访谈资料，共计667分钟。此外，采集小组对传主学术人生产生重要影响的丁光生、胥彬研究员及在沪同事和学生，弟弟金丁有等十人进行了访谈，获得322分钟的音频资料。对传主留居海外的弟子和国内的合作者则以征求书函方式，获得来稿七件。这些材料成为采集小组了解金国章学术成长和人生轨迹的基础。

实地采访：2012年4月下旬，采集小组亲赴浙江大学档案馆、浙江省档案馆对传主求学阶段的资料进行调研，获得了大量有价值的档案材料，包括传主的浙江大学学生注册证、借还图书登记、成绩单，浙江大学临时毕业证书等材料。同年6月初，采集小组走访金国章院士青少年时期生活过的浙江永康前渡金村，受到镇、村政府领导的热情接待。拍摄到了传主的旧居和就读过的前渡金初级小学、鼎新小学 、太平小学（已被改造成水库）和雅庄小学，感受传主少时求学的艰辛。采集小组还调研了永康县、金华市档案馆，虽在永康县档案馆一无所获，但从金华市档案馆获得金华中学学生一览表佐证了传主的任课教师确有胡步蟾、廖念怡。走访金华中学时，受到校方领导的热情接待，拍摄到传主初中、高中毕业证书，获赠浙江金华第一中学校志编纂委员会编撰的《浙江金华第一中学校志（1902—2002）》。该书提供了金华中学大量翔实史料，丰富了本书传主中学背景。此外，采集小组获得了传主使用过的小型涡旋仪、小型双层仪器推车、微型幻灯机等实物类资料总计763件。经过多方协调，传主捐献实物原件共计89件。

采集获得的重要成果

重大发现

第一，发现浙江大学药学系给金国章的评语。在“1951年度应届毕业生登记表”中有浙大药学系对金国章的评价：“该生业务与政治学习均勤，政治思想认识清楚，学风纯正，工作能力甚强……该生所学长处为药理学、药物化学，适宜于研究所工作。”这些珍贵的“个人档案”反映了金国章在求学期间，就已经显露出对药理学特有的兴趣和偏爱。

第二，发现最早记录金国章有意愿从事“药理学研究”的人事档案。在入职上海药物所的“人员调查表”（1952年2月9日）的“个人志愿”一栏中，金国章这样写道：“在‘中药科学化’的方针下，我应该尽最大力量，将许多国药的药理作用研究清楚，以便广大人民解除用药的苦痛。”可见，他当时已下定了从事“药理学研究”的决心。

第三，发现中科院药物所药理研究室成立时的照片。金国章于1952年2月大学毕业分配至上海药物研究所。1952年7月30日，是上海药物研究所建所二十周年纪念日，丁光生教授为筹备中的药理研究室拍摄了第一张照片，全室成员仅有丁光生和金国章。

第四，发现药理实验室建立后的第一、第二篇中文学术论文。由于金国章的主要成就在于中药延胡索和千金藤药物作用研究，人们往往忽略了他人生中的第一、第二篇科研论文，即关于治疗高血压的中药杜仲和藜芦研究。这四年对金国章学术成长具有非常重要的科研入门训练作用。1952—1956年，他跟随丁光生掌握了学术论文撰写精髓，提高了实验动手能力。此外，这两篇研究论文也是药物所药理实验室发表的第一、第二篇论文，其历史价值与意义重大。

第五，首次全面呈现金国章“文化大革命”时期的科研工作情况。金国章参加了国防任务“6003”项目，负责起草动物试验方案，提出筛选药物的方向，设计药理部分研究具体方案。在无人管理的一段真空期，他自设课题中药麻醉作用原理，用神经递质的观点来研究药物的作用机制。

1974 年，参加国家项目进行针刺镇痛作用的研究。以上各项工作都取得了令人可喜的研究成果。

其他重要史料

①发现金国章母亲的照片。②发现金国章金华中学初中部毕业证书。证书中的照片为金国章迄今为止最早的一张照片。③发现金国章在国立浙江大学的学生注册证、图书借还登记表，成绩单等资料，真实地记录了金国章所借阅的中外文书刊和成绩。④采集了金国章 2005 年以后发表的二十四篇学术论文，弥补了《金国章论文集》的不足，完善了传主学术成果。

研究思路与写作框架

我们采集到的上述传记类资料均缺乏对传主学术成长重要节点的系统描述和佐证；也无传主的大事年表，更缺乏对传主学术思想、观点和理念的产生、形成、发展开展系统深入研究，以及对传主学术成长特点的提炼。在认真研究所采集的资料基础上，我们对金国章的药理学研究有了较全面和深入的了解，整理了一万多字的大事年表，并撰写成本传记。传记以时间为主线，梳理其家庭背景、求学经历、师承关系、科研成果，竭力深入浅出地勾勒出传主学术成长和科学思维形成的轨迹。

本传记将传主学术成长的经历，置于中国药理学及神经药理学研究发展背景中，尤其是几代人的延胡索研究，置于传主经历的抗日战争、新中国成立、“文化大革命”、改革开放等时代变迁中。他始终热爱国家、热爱科学、专心治学。本传记着重探讨了金国章作为本土培养的科学家，其学术成长的独特性及其成才的社会因素。传记内容由八章组成，外加“导言”和“结语”。第一章叙述金国章家庭背景，年少时坎坷求学的经历及爱国思想的形成，以及他对药学好奇心的缘起。第二章叙述金国章在浙江大学里的成长经历及师生情谊。第三章记述金国章到上海药物所后，听从赵承嘏所长安排，跟随丁光生教授开展高血压治疗的药理研究并发表人生第一篇论文的经历。第四章记述金国章转入神经药理学领域，取得“延胡索”药理作用研究成果的切身经历和感受。第五章叙述金国章在“文化大革命”时期，不忘初心，坚持工作，取得佳绩的艰辛历程。第六章叙述金国章开辟新科研领域的过程及其第一个重大发现。第七章介绍金国章第二个科学发现及两个科学假说的形成。第八章描述金国章与同事、师生、家人间的款款深情。书后附录有金国章大事年表、主要论著目录、四氢原小檗碱同类物（THPBs）对脑内多巴胺（DA）研究领域与科学思维关系图、参考文献，这些材料可为与金国章相关的学术史研究提供基础材料。

金国章对神经药理学科研工作的执着精神及甘愿为后学铺路的奉献精神，令人不禁联想到“夸父逐日”的神话故事。经反复琢磨，本传记最终定名为《神经药理学王国的夸父：金国章传》，以体现金国章渴求了解神经药理学及应用其药理知识战胜人类病痛的愿望。

第一章
故乡情韵

农耕少年时

金国章，1927 年 6 月 6 日出生于浙江省永康市唐先镇前渡金村。永康市地处浙江中部，是县级市，隶属金华市，古称丽州。唐先镇位于永康市的北部，是华溪的发源地，距市区十八公里，北与义乌、东阳接壤，东临古山镇，西、南与象珠镇相接。前渡金村是其行政村之一。位于永康市中北部，距市中心十五公里。据《前渡金谱志》记载，前渡金村建于南宋德祐元年（1275），迄今已有七百四十多年的历史。先祖金志（金淮公），官

图 1–1　前渡金村瓦窑塘（2012 年 6 月 1 日，杨怀东摄）

图 1-2　前渡金村老井
（2012 年 6 月 1 日，杨怀东摄）

图 1-3　前渡金村老樟树
（2012 年 6 月 1 日，杨怀东摄）

高至大宋都御史吏部尚书左丞相，因临安京城破城在即，遂返回故里，又有分支迁居前杜村附近建村，因自己姓金故命村名为“前渡金”。全村人口多年来基本保持在九百人左右。[①]

前渡金村依山傍水，山清水秀。村子正前方有虎岩山，又名前山，海拔二百五十二米[②]。山上树木葱郁。村中有一池塘，名为瓦窑塘。

金国章记忆中村口那株标志物的老樟树，虽历经七百多年风雨依然巍峨地伫立在瓦窑塘旁。古树盘根错节，树高二十多米，树干之粗壮两成人也难以形成合抱之围。金国章就诞生于此，并在这里度过少年时光，亲历农作的甘苦，求学的艰辛。

前渡金村的村民世世代代都以务农为生，但历代都注重教育。村里有两处有名的教育场所。一是“环山书院”，又称“环山轩”，俗名尚书堂。它是由清朝乾隆年间一位进士创建，内设有学童用房两间，先生寝室和藏书室。主要供村里居民“习文练武”之用[③]。二是“金氏宗祠”。它不仅是全村人逢年过节祭祀先祖的地方，也是平日里学童们的小学上课场所。金国章就在该祠堂接受了启蒙教育[④]。时

① 浙江省永康市《前渡金谱志》编委会:《前渡金谱志（金华永康）》。2006 年，第 14-15 页。内部资料。

② 同①，第 30 页。内部资料。

③ 同①，第 33 页。内部资料。

④ 金国章访谈，上海，2011 年 9 月 14 日。资料存于采集工程数据库。

图 1–4　金国章家老屋（2012 年 6 月 1 日，杨怀东摄）

过境迁，如今书院和宗祠均已荡然无存，唯有倡导教育之风世代流传，方兴未艾。

家庭与熏陶

金国章的父亲金玉良，毕业于浙江省立第七中学（现金华第一中学），在同辈人中具有较高文化，曾在家乡担任小学教师。母亲胡金聘（1900—1991）是家庭妇女。夫妇二人育有六子二女：长子金国文（1922—2011），长女金元湘，二女儿金元宵，金国章排行老四，其弟有金国平（1928—1994，又名金淼）、金丁伟（1930—　）、金焱鑫（1932—2007）、金丁有（1936—　）。家中虽有二十亩薄田，但是由于家中有十多口人，生活仍捉襟见肘。为维持生计及供养孩子们读书，其父在教书之余也从事农耕，并与人合伙经营一家小杂货店；母亲除操持家务外，也做些手工活补贴家

图 1-5　金国章与兄弟们的合影
（前排从左至右：三弟金国平，大哥金国文，金国章，后排从左至右：六弟金丁有，四弟金丁伟，五弟金焱鑫。1991 年。金国章提供）

用[①]。夫妇二人勤俭持家，艰苦度日，无论日子如何清苦，都没有放弃对儿子们的教育。

身为小学教师的金玉良非常重视儿子们的教育。为了让六个儿子都受到良好的正规教育，金玉良制定了“反馈式教育”家规：即由父母先支持年长的孩子入学，等哥哥们完成学业，生活能自立后，再由他们负责弟弟们的上学费用。此举虽是为人父母的无奈之策，但却收效甚佳。兄弟六人都接受了良好的文化教育。其中弟兄三人毕业于浙江大学，大哥金国文 1947 年毕业于浙江大学农学院，正是金国章就读浙江大学药学系之年，金国章也资助的六弟金丁有在浙江大学医学院读书。金丁有毕业后到浙江永康县人民医院工作，日后成长为一名副主任医师。三弟高中毕业参加空军，在部队上大学，复员后在江汉大学哲学系工作（已病逝）。四弟永康师范学校毕业，就业后担任技术工人。受大哥资助的六弟金焱鑫，曾考入北京大学，不明原因调整入青海某大学就读农业气象，毕业后在江苏从事农业气象工作，成为江苏农业科学院工程师[②]。金玉良制定的“反馈式教育”家规不仅解决了儿子们教育费用的问题，还加深了兄弟间的手足之情。

为了让孩子们获得良好的文化教育，金玉良夫妇不得不向亲戚们借贷度日。1947 年夏天家里发生的一件事令金国章记忆犹新：当时，金国章高中毕业，需到杭州参加大学入学考试。赴考前一天，还没有筹集到路费，

① 金国章访谈，2011 年 9 月 14 日，上海。资料存于采集工程数据库。

② 金国章人事档案，6-E0202。存于中国科学院上海药物研究所人事处。

全家人焦急万分。为了给他筹措路费，天刚蒙蒙亮，金玉良就悄然起身出发，翻山越岭去向金国章的舅母家求助，待他借到资费返回家中时，已是三更半夜[①]。这正是“可怜天下父母心”的真实写照。

图 1–6　金国章母亲（1962 年，摄于上海，金国章提供）

金国章的母亲是典型的贤妻良母。她勤劳善良，养猪为副业，以供全家生活所用和解决孩子们的上学费用。她心灵手巧，在娘家就学会制作农耕时防雨用的簑衣。在一家人生活最困难的年头，她重拾制作簑衣的手艺，帮助全家共渡难关。她虽不识字，但深明事理，常常用浅显易懂、内涵丰富的俗语、谚语引导孩子们为人处世。金国章如今还记得母亲质朴的教诲：“好马一鞭，好人一言”“三思而后行”“挣钱犹如针挑土，花钱犹如浪推沙”“将心比心”“留得青山在，不怕没柴烧”等。因怕父亲训斥，仁慈的母亲自然成为孩子们的倾诉对象，孩子们闯了祸或遇到问题，都乐意向其母寻求解决办法。

图 1–7　金国章与家人合影（1957 年 3 月在义乌。后排从左至右：金丁有、金焱鑫、金国章、金国文；前排从左至右：侄子、母亲、大嫂。金国章提供）

回忆起童年生活，金国章娓娓道来：

我七八岁时候就成了祖父的帮手，最初学会的是踏水车。后来，我慢慢学会了各种各样的农家活。农业一年三季，秋粮是最重要的。

---

① 金国章：诠释：一个新现象发现的故事——我的科学人生和趣事。见：中国科学院上海药物研究所编，《金国章院士八十华诞纪念画册》。2009 年，第 31 页，内部资料。金国章访谈，上海，2011 年 9 月 14 日。资料存于采集工程数据库。

立秋一过就非常忙碌了，到处都是金黄的稻谷，打谷声不绝于耳。这时节，抓紧劳动就是第一件大事。农忙割稻后，马上要秋种、秋播，种苞米、黄豆。真正忙碌时，全家都要上阵。母亲与姐姐在帮家里做饭，我们兄弟几个出去劳动。①

坎坷求学路

金国章小学、中学求学期间正是抗日战争爆发时期。动荡不安的社会让他的求学之路非常坎坷。而中学期间，他不幸感染由细菌引起副伤寒，更给他的人生际遇平添许多磨难。但，他不断鼓励自己不断进取。正如《孟子·告子下》所言："天将降大任于斯人也，必先苦其心志，劳其筋骨，饿其体肤，空伐其身，行弗乱其所为，所以动心忍性，增益其所不能。"

1931年"九一八"事变爆发后，全国陷入纷飞战火中。1932年，五

图1-8 鼎新小学（2012年6月1日，杨怀东摄）

① 金国章访谈，上海，2011年9月14日。资料存于采集工程数据库。

岁的金国章在懵懂中进入唐先镇前渡金初级小学（时名应是振兴初级小学）[①]。由于学校不是完全小学，仅开设了一至三年级的教学课程。1934年，他只好辗转到邻村的六年制的山西村鼎新小学[②]，修完小学课业。如今，山西村鼎新小学尚基本保留原貌，内部房屋都已破败不堪，门楣上还悬挂着依稀可辨的年级标牌。

图1-9　鼎新小学内景（2012年6月1日，杨怀东摄）

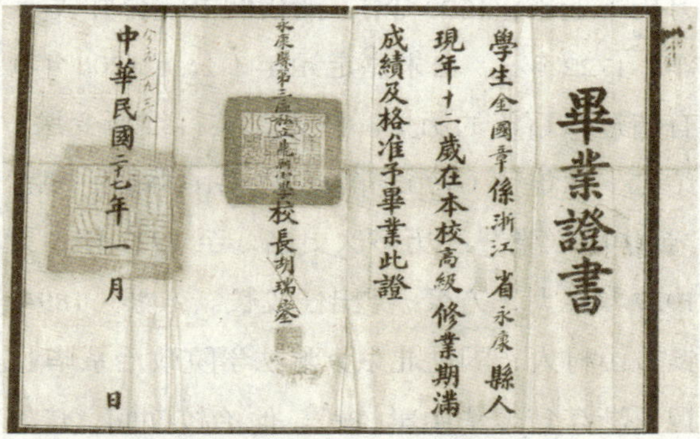

畢業證書

學生金國章係浙江省永康縣人

現年十二歲在本校高級修業期滿

成績及格准予畢業此證

永康縣第三區私立鼎新小學校長胡瑞鎣

中華民國二十七年一月　日

图1-10　金国章小学（鼎新小学）毕业证书（颁发于1938年1月，金国章提供）

金国章上小学时，每天放学回家前都要唱歌，歌曲大多是当时流行的爱国歌曲。有《大刀进行曲》以及《桃李劫》中的“毕业歌”等[③]。这些爱国歌曲中的抗日爱国的思想犹如一颗春天播下的种子，在金国章幼小的心灵中生根发芽，并伴随着他不断茁壮成长。

金国章上小学时，在金华中学读书的大哥金国文有一次放假回家时，带回一本金华中学建校三十五周年的纪念册。纪念册刊登了许多照片，展示了金华中学的光辉历程。除了有令人羡慕的新教室和校舍外，金国章印象最深的是新校门门楣上镶嵌的“百年树人”四个大字。年少的他虽不太

① 金国章人事档案，6-E0202。存于中国科学院上海药物研究所人事处。

② 同①。

③ 金国章访谈，2011年9月14日，上海。资料存于采集工程数据库。

图 1-11　金华中学学校大门（摄于 1935 年，采自：《浙江金华第一中学校志》）

明白其道理，但却萌生了考金华中学的心愿[①]。

金华中学，1998 年 11 月更名为浙江金华第一中学，沿用至今。其渊源可追溯到南宋的"丽泽书院"（南宋乾道初年，约 1165—1166 年）以及明代的"崇正书院"（明万历十七年，1589 年），清代两书院合并成为"丽正书院"（清康熙六十一年，1722 年）。自宋嘉定元年（公元 1208 年）悬匾"丽泽书院"至今，已有超过八百年的历史。清末，实行维新变法，"改革科举，兴办学堂"。光绪二十八年秋（1902 年 9 月），由"丽正书院"改为"金华中学堂"[②]。后"金华中学堂"经历多次更名，至 1927 年，更名为"浙江省立第七中学"。1927 年 4 月，方豪[③]出任校长。方豪（1894—1955），字俶新，金华澧浦镇方山村人，国立北京大学法学院政治系毕业。1927 年 3 月—1946 年 8 月，担任浙江省金华中学校长。他治校期间，广开贤路，延聘教师，聘请了胡步蟾等著名教师，形成一支业务教学水平高又认真负责的教师队伍。1932 年，全校在校学生 919 人，居全省中学之冠。至 1936 年，全校中学部班级二十八个，学生 1174 人，为全省中学之冠。学校曾数次在浙江省会考中获得第一名。学校在社会上获得了极高的地位和良好的声誉，享有"北有扬中（扬州中学），南有金中（金华中学）"之美誉。1933 年更名为"浙江省立金华中学"，1953 年更名为"浙江省立金华第一中学"[④]。

1938 年春，金华中学到永康县招收初中生和高中生。小学刚毕业的金国章报名参加考试。上了考场，他才发现自己连考试题目都看不懂。这次

① 金国章访谈，2011 年 9 月 14 日，上海。资料存于采集工程数据库。

② 高亚军：《浙江金华第一中学校志（1902-2002）》。浙江：浙江金华第一中学，2002 年，第 1 页。内部资料。

③ 同②，第 505 页。内部资料。

④ 同②，第 2-6 页。内部资料。

考试结果虽然并不理想，但是却让他清楚地认识到，乡村小学的教学水平与金华中学的入学要求存在着巨大差距。金华中学作为全省名校，对考生要求颇高，尤其对数学的要求。而金国章就读的乡村小学所教科目并不包括数学、地理、历史、生物等学科的知识。①

金国章报考金华中学的同时，也报考了永康县初中。是年夏，他收到了该校的录取通知，但他父亲不同意他去上学。金玉良认为，人生的起步至关紧要，往往影响一生发展，一定要有更好的起点，所以坚持要他报考金华中学。为了考上金华中学，金国章随其父去他所执教的太平村小学（现已淹没于水库下）和雅庄村雅庄小学补习功课。金玉良还特地请了金华中学毕业的老师帮助，有针对性地指导他学习语文、数学、历史、地理。补习时，金国章感觉历史、地理尚能理解，学数学则感到比较吃力，比如“鸡兔同笼”的问题也让他颇为费解。②

抗战爆发前夕杭州沦陷，有些中学迁到永康。金国章又报名参加其中一所学校的初中考试，并以优异成绩考取第一名。同村也有小伙伴考上同一所学校，并希望与金国章一起上学，但金玉良还是坚决不同意金国章上此校。他认为，尽管金国章的学习成绩有所提高，但是不能就此裹足不前，应该再接再厉，考进更好的学校——金华中学。当时，金国章的祖父认为这样做风险太大，不同意他父亲的意见。全家人为此争论不休。经过据理力争，最终，金国章的祖父作出妥协，金国章只得老老实实地继续补习备考。在历经四次初中入学考试后，金国章终于守得云开见月明。1939年夏，他如愿考上金华中学初中部。金玉良得知录取消息后高兴万分，为曾经做出的正确选择欣喜不已，当即表示，要举全家之力供他上学。③

1937 年 8 月，浙江省教育厅颁布《浙江省中等以上学校实施战时教育办法》，要求非战区各中等学校照常上课，酌情缩减功课，进行战时特别训练。9 月 26 日，金华城区第一次遭日机轰炸，经省教育厅核准，学

---

① 金国章访谈，2011 年 9 月 14 日，上海。资料存于采集工程数据库。

② 金国章人事档案，6-E0202。存于中国科学院上海药物研究所人事处。

③ 同①。

图 1–12　抗战时期金中初中部校址——缙云棠慈村
（采自《浙江金华第一中学校志》）

校迁往金华澧浦一带。初中部设在方山、山南、灵山。①

1939 年秋，金国章进入金华中学初中部方山校区学习。不久，日军渡过钱塘江，危及金华。学校安排初三和高三七个班迁往宣平、武义交界的俞源，图书、仪器也随之移藏该处。9 月恢复初、高中完全中学。然而，1942 年 3 月，日军由萧山直扑金华，学校决定紧急疏散，大部分学生仓促回家，部分师生在校长方豪的率领下转移到金华、武义、永康交界境塔山。1942 年 5 月 28 日，金华失陷。全校师生遣散，无家可归的师生共一百〇五人转移至澧浦镇长庚齐云寺。各种重要资料及仪器被搬迁至距离学校三里的大安寺。师生的膳食费用，数额不敷的由校长方豪私人垫支，艰苦度日，历经三个多月。1943 年 3 月，学校初中和校本部搬迁到缙云县的棠慈村，高中部迁徙到金竹复学。相距三华里，校舍租借祠堂和民房。在颠沛流离办学期间，方豪校长仍以“读书不忘救国，救国不忘读书”的口号，勉励学生学习不辍。每次召开全校师生大会，师生都必先齐声高唱金华中学校歌：“浙水东，婺宿中，严陵括苍来朝送。多士济济，讲舍隆隆，人才物资建设宏……邹鲁遗风。”②

抗日时期，乡村办学条件十分简陋，更难以保障学生的营养。学生们常常喝稀粥或吃红米饭，以霉干菜或煮白菜下饭，卫生条件也很差，不少学生患上夜盲症和疟疾等疾病。尽管生活艰辛，学校教学设备简单，教学时间也有所减少，但除了 1942 年 5 月至 1943 年 8 月，学校只停过一个多

① 高亚军：《浙江金华第一中学校志（1902–2002）》。浙江金华第一中学，2002 年，第 14 页。内部资料。

② 同①，第 3 页，第 552–553 页。内部资料。

学期的课外，其余时间均坚持教学，弦歌不辍[①]。清贫的学校生活也压制不住朝气勃发的学生们，全校文体活动依然十分活跃，这让寂静的山村充满了勃勃生机。学校的“金中话剧团”每年都演出大型话剧，如《雷雨》等。学校还在全校范围内组织国语和英语演讲比赛。每个班级每学期开一次“班级结束晚会”，在活动中学生们演出各种各样的节目。每学期都要举行作文比赛。各班级出的墙报及学生会主持出版铅印的《金中学生》等，形式多样，内容丰富。教师们也积极参加这些文娱活动，教学生拉胡琴、吹笛子，排演昆剧《伍员寄子》，很受学生们欢迎。[②]

同时，学校也会因势利导地根据社会形势，定期在教材中补充爱国主义内容。如高中语文选编的《爱国民族文选》，搜集了历代民族英雄、爱国文人、学者和近代革命烈士的论文、诗词和书札等。其中，有岳飞、陆游、史可法、文天祥、秋瑾和林觉民等人的作品。教师在课堂内外经常对学生进行抗日救国教育。[③]

1943年夏，金国章初中毕业，报考“浙江省立临时联合高级中学”（浙江省立杭州高级中学、浙江省立杭州初级中学、浙江省立杭州师范、浙江省立杭州女子中学、杭州民众教育实验学校、嘉兴中学和湖州中学七校联合，简称“联高”）[④]。彼时，“联高”的校址青田县，青田县地处浙江省东南部，瓯江中下游。东接温州，南连瑞安、文成，西临丽水、景宁，北靠缙云。是年，“联高”在丽水县碧湖镇（现属丽水市莲都区四个

畢業證書

學生金國章係浙江省永康縣人現年十七歲在本校初中修業期滿成績及格准予畢業

此證

校長 方豪

中華民國三十二年六月 日

图1–13　金国章金华中学初中部毕业证书（金国章提供）

---

① 高亚军：《浙江金华第一中学校志（1902–2002）》。浙江金华第一中学，2002年，第325页。内部资料。

② 同①，第3页，第325页。

③ 金国章访谈，2011年9月14日，上海。资料存于采集工程数据库。

④ 孙昌建：《书生意气：浙江一师别传》。杭州：浙江人民出版社，2011年，第3页。

镇之一）招考。金国章应考时，借宿在镇里小客栈。考完试返乡回家，适逢秋收农忙时节，可能繁重的农活诱发了早就潜伏在体内的副伤寒病菌。他开始发烧，高烧七天七夜不退，曾一度昏迷不醒。受限于当时医疗水平，尚无药医治，金国章只能凭仗着年纪轻、身体好，自身免疫力强来抵抗病魔。当"联高"录取通知到来时，他的身体虽有所恢复，但依然羸弱难以赴学。一急之下，他父亲请来一位中医为他进行诊治，反而加剧了病情。最后，金国章不得不与"联高"痛失交臂。

金国章感染副伤寒与当时日军对浙江进行惨无人寰的细菌战有一定联系。1939 年至 1945 年，日军派遣军与参谋本部将国际公约置若罔闻，派遣驻哈尔滨"731"与驻南京"1644"细菌战部队，携带鼠疫、伤寒、霍乱、副伤寒、痢疾、炭疽等十余种细菌，远程奔袭，有计划、有组织、有目的地投放于浙江衢州（衢县）、宁波、金华、绍兴、温州、平阳、诸暨、丽水、庆云、义乌、东阳、浦江、龙泉、云和、江山、兰溪、乐清等三十多个市县的广大地区。① 以"731"部队长官石井四郎为总指挥的日军细菌部队在浙江进行了不少于三次的大型细菌战。② 据战时记载，并依据记载推算，浙江、江西等地感染疫病的人数约为 230 万人，其中死亡约为 65 万人。日本在中国进行的细菌战，国人受害总人数，据初步推算约为 700 万人，死亡约为 200 万人。而单一次浙赣细菌战造成的伤害，让浙江和江西两地共 306,989 平民感染鼠疫、炭疽、霍乱、伤寒、副伤寒等疫病，死亡人数达到了 53,843 人 ③ 。

这次死里逃生的经历让金国章对中医药产生了强烈的好奇心，萌生"研究中药，治病救人"的想法。④ 正可谓"塞翁失马，焉知非福"！

1944 年春，病体初愈后的金国章便一边放牛一边复习。秋，他如愿考取金华中学高中部的公费生。

金国章选择报考金华中学，主要有两方面的原因：一是他对母校的情

---

① 李林达：看不见硝烟的战争——侵华日军"731 部队""1644 部队"对浙江实施细菌武器攻击。《浙江日报》，2015 年 8 月。

② 胡昊，吴晛：寻找浙江抗战记忆 · 细菌战（一）。浙江在线，2015-05-08。

③ 胡昊：寻找浙江抗战记忆 · 细菌战（三）。浙江在线，2015-05-19。

④ 金国章访谈，上海，2012 年 12 月。资料存于采集工程数据库。

怀；二是家庭经济条件。1936 年金华中学按照浙江省教育厅的规定，设立了免费生和公费生学生名额各为新生总数的 10%。获取资格规定必须是浙江省籍学生，家境贫寒，无力负担学费。取得原籍或居住在三年以上，获得县、市政府证明者，并需有两人以上的担保人。免费生的待遇为免缴学费、体育费、实验费、杂费、卫生费。公费生的待遇优越于免费生，除免缴以上费用外，每学期还补贴膳食、军服（根据金国章所述，其实是学生装）及书籍所需费用；待遇时间以三年为限。如果学期成绩在学业（即语文、数学、英文、历史、地理等课业）、操行（即如今的德育课）、体育不达乙等者，下学期停止其待遇。免费生报考成绩须在均分 65 以上，公费生则须达到 70 分以上。[①] 学校择优录取，由于名额有限，免费生、公费生的竞争十分激烈，再加贫穷孩子多，公费生的竞争尤甚。1944 年，金国章就读金华中学时，已没有设立免费生，只有公费生。最令金国章欣慰的是，成为公费生可以解决他上学所需各项费用开支，且帮助家中减轻了经济负担。

图 1–14　高中时的金国章（浙江大学档案馆提供，2012 年杨怀东摄）

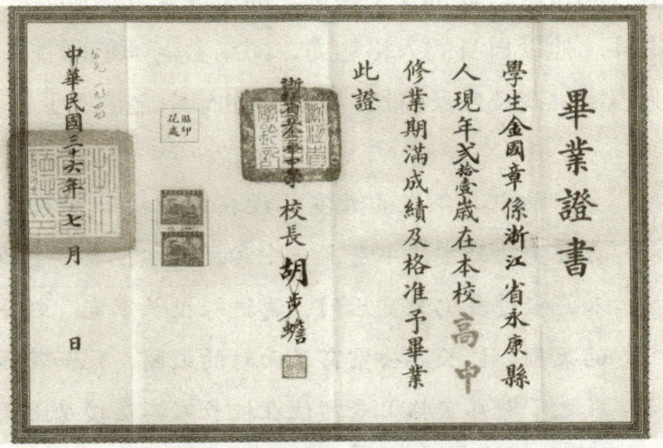

畢業證書

學生金國章係浙江省永康縣人現年贰拾壹歲在本校高中修業期滿成績及格准予畢業

此證

浙江省立金華中學 校長 胡步蟾

中華民國三十六年七月 日

图 1–15　金国章金华中学高中部毕业证书（颁发于 1947 年 7 月，金国章提供）

高中三年，金国章除了上学，每逢寒暑假就回家务农。[②]

---

① 高亚军：《浙江金华第一中学校志（1902–2002）》。浙江金华第一中学，2002 年，第 404 页。内部资料。

② 金国章访谈，上海，2011 年 9 月 4 日。资料存于采集工程数据库。

难忘恩师情

金华中学老师们的爱国情怀、为人师表的风范、诲人不倦的精神及殷切的希望，无不对青年金国章产生正向影响力，引导他成为一个以国事为重、热爱事业、克己为人、淡泊明志、谦虚谨慎、认真敬业的人。

方豪担任金华中学校长期间，虽逢抗战，生计维艰，但他带领金华中学二次创业，成果卓著。他提出了“百年树人”的办学理念，开创了金华中学求真、奋进、笃厚的优良校风，奠定了学校教书育人的办学宗旨；他倡导的校歌，歌词含义深远，曲调恢宏，激励着一代代学子向更高的目标奋斗。他以自身的人格魅力，团结着老师们同甘共苦，成为莘莘学子的行为表率。谈及方豪校长，金国章的崇敬之情溢于言表：

> 初中二年级的教室就设在方豪校长家宅的边厢房。一楼是校长的办公室、卧室、书房，当中客厅是学校重要会议的会场。老师们鱼贯出入，经过我们教室后门，再进入校长家宅。教室另一边门是通向校长家的菜园，校长办公室窗子面对的菜园，犹如花园一样。我们的班主任郑敬之（即郑宝临）老师住在校长家二层楼房上面，学生们如有事去见班主任时，都是小心翼翼地从校长办公室门前经过再上楼。同学们（从门口路过时）常见他专心办事的神态，禁不住会缓步窥视。他的住房另一头是他家人、子女、兄弟生活区，整个楼内整齐、安静。①

除了对方豪校长留下深刻印象外，金国章还对金华中学高中的两位老师感念至深。其中一位是胡步蟾先生，另一位是廖念怡先生。

胡步蟾（1896—1961），字碧薌，浙江金华江东雅湖村人。我国著名教育家、生物学家和爱国人士。1930 年东渡日本进行科学和教育考察。回

① 金国章访谈，上海，2012 年 12 月 14 日。资料存于采集工程数据库。

国后，他立志“科学救国，教育救国”。曾谢绝不少大学的邀请，甘愿辅助方豪校长办好中学。1946 年 8 月，方豪校长辞职后，9 月 6 日起，胡步蟾接受省教育厅委任，出任金华中学代理校长、校长。正值学校迁回金华城内不久，百废待兴，他从省内外选聘优秀教师，购置大量图书、仪器，建造体育卫生馆，设置奖学金，举办学术报告会等，很快恢复学校正常教学秩序和良好校风。1948 年举行纪念学生自治会成立文娱晚会上，因学生们与故意挑事的英士大学学生发生械斗，被当局撤职。[①] 他学识渊博，治学严谨。编、译著有《血液型》《细菌与人生》《优生学和人类遗传学》《生命论》等。他不但精通生物科学，而且熟悉其他一些门类的自然科学，特别是医药学和农学。他也是一位铮铮铁骨的爱国之人。金华沦陷时，学校被迫停办。他带全家逃回故里，生活十分拮据。此时，敌伪在金华办了“复兴中学”。他们想利用胡步蟾在青年中的威望，且精通日语，专门派人到乡下“请”胡步蟾进城，软硬兼施逼他出任校长之职，都被他严词拒绝。胡步蟾发誓“家乡不重光，坚决不回城”。敌伪“请”不到校长，恼羞成怒，派军队到他老家抓人。他躲入柴堆才幸免劫难。胡步蟾“富贵不能淫，威武不能屈”的气节潜移默化地感染着学生们[②]，感染着金国章。

胡步蟾爱校如家，待人接物周到，平易近人，深得人心，师生们都亲切地称他为“碧薌先生”。学校迁往浙南后方缙云金竹[③]时，任学校训育主任兼高中部主任的他积极联络老师、组织民工搬运图书仪器，率领学生自背行李，翻山越岭，克服重重险阻，于 1943 年春正式复课。那时的金竹是一个小山村，高中六个班分散在三处住宿、上课。1944 年秋，金国章进入高中部学习，当时学校借用祠堂做宿舍和教室，其间只用竹席相隔。“碧薌先生”一家人就住在朱氏宗祠靠大门边的小房里，冬日四处透风。每天见面，同学们都会与他交谈，向他请教各种问题。当时，学生们最关心的是抗日战争的前途以及第二次世界大战的进展。大家经常聚在“碧薌

---

① 高亚军:《浙江金华第一中学校志（1902-2002）》。浙江金华第一中学，2002 年，第 16 页。内部资料。

② 金祖孟:《胡步蟾先生纪念文集》。浙江金华第一中学，2003 年，第 6 页。内部资料。

③ 同①，第 15 页。

先生”周围，听他讲评时事。他也时常鼓励大家树立抗战胜利的信心，把当前的学习与世界反法西斯战争联系起来，要求学生学好知识、服务社会。每逢寒暑假，为护送学生安全返回处在敌占区的家乡，他会亲自带领同学分批绕过敌伪据点、岗哨，往来于缙云和沦陷区。他富有教学艺术，注重启发式教育。胡步蟾曾担任金国章高中时的生物学老师。他的专业基础扎实，知识丰富，讲起课来得心应手，旁征博引，不时穿插一些精彩实例，妙趣横生。在课堂上，他经常鼓励学生提问、讨论，培养学生对生物学的兴趣，课堂氛围轻松愉快，学生们都十分喜欢听他的课。他讲授的孟德尔用豌豆进行的遗传试验，迄今仍令金国章感觉历历在目。①

廖念怡（1906—1985），字怡如，金华城区溪下街人。1935 年毕业于浙江大学数学系，是陈建功和苏步青两位数学大师的高足。1938 年担任金华中学教员。他讲课条理清晰，循循善诱。板书整齐，徒手画圆似用圆规所画②。他是金国章的高中班主任。有一次，他讲授平面几何课时，以地球的地平线为例，阐述数学中直线和曲线关系，形象生动，令金国章茅塞顿开。他关心国家的抗战大事，用“读书救国”鼓励学生去报考名校的理工学科。金华中学在金竹村驻扎办学期间，廖念怡全家六口就居住在学生教室旁边的陋室内。他常与他人说“我人穷，而志不穷”，一派不坠青云之志的乐观者形象，给青年时期的金国章留下了极其深刻的印象。③ 廖念怡多才多艺，他喜爱昆曲，还亲自教班里同学们学唱《伍子胥过昭关》的曲子：“岁月驱驰，叹终身未了。”他唱一句，学生们跟学一句。师生同歌，其乐融融。

在金国章记忆中，高中三年中有三个学期，他们的教室与廖念怡的紧邻，见面机会很多，师生感情特别深。1945 年抗战刚胜利，解放战争刚

① 金国章访谈，上海，2012 年 12 月 14 日。资料存于采集工程数据库。金国章等：怀念敬爱的胡碧薌老师。见：金祖孟主编：《胡步蟾先生纪念文集》。浙江省金华第一中学，2003 年，第 22-25 页。内部资料。

② 高亚军：《浙江金华第一中学校志（1902-2002）》。浙江金华第一中学，2002 年，第 524 页。

③ 金国章：“安贫乐道，志在前程，为国争光”共勉词的诠释。2012 年 8 月。资料存于采集工程数据库。

开始时，学生们对时局不明，对前途忧心忡忡，也不太清楚上大学的重要性。廖念怡便引导他们“读书救国”，先要考上大学，才能谈将来抱负。廖念怡对待学生一视同仁，深得学生们的爱戴。廖念怡给金国章的毕业赠言是“科学救国”。这让他一直铭记在心。①

高中毕业时，金国章初、高中老师们的赠言如字字珠玑，激励着金国章不断成长。初中班主任历史老师郑敬之（即郑宝临）赠言“大智若愚”四个字。金国章年少不懂，多年后幡然领悟到郑老师是从历史发展的角度去看待事物的发展、人生的成长，其实他是对年轻人的一种殷切希望。高中英文老师的题词是：“Nothing is so sad to depart with you，nothing is so glad to see you back with gown and cap”（分手最是令人伤怀，喜盼你衣锦还乡再相聚），是期待他获得更大成功。还有一位老师题词是“欲穷千里目，更上一层楼”，是希望金国章志存高远。②

青少年时期的农田劳动生活，以及因患病感受到的药物神奇作用，让金国章在 1947 年 7 月，高中毕业填报志愿时，曾经考虑过“农业机械化”专业，但最终还是选择了自己更感兴趣的药学专业。

---

① 金国章等：怀念敬爱的胡碧薌老师。见：金祖孟主编：《胡步蟾先生纪念文集》。浙江省金华第一中学，2003 年，第 22-25 页。内部资料。

② 金国章访谈，上海，2011 年 9 月 14 日。资料存于采集工程数据库。

第二章
浙大岁月

情定药理学

1947年9月，金秋时节，风华正茂的金国章成为历史悠久、声誉卓著的浙江大学的一名学子，进入药学系读书。药学殿堂之门向他开启。

浙江大学药学系成立于1942年。抗战时期，霍乱、痢疾、疟疾、结核等多种疾病的流行，给大后方的人民生活造成极大威胁。当时，对某些感染性疾病如流行性脑脊髓膜炎、鼠疫具有显著疗效的磺胺类药物[①]已在国外普遍用于临床治疗，青霉素也已问世。但是，战火中的中国不仅缺医少药，而且缺乏药学高级研究人才。急国计民生之急，时任浙江大学生理学教授的孙宗彭萌生了在国内创办药学与医学紧密结合的新型药学系的想

① 张昌绍:《现代药理学》。上海：华东医务生活出版社，1951年，第317页。

法。他的想法得到时任理学院院长胡刚复[①]博士与校长竺可桢的大力支持。1942年，他们向国民政府教育部提出在浙江大学理学院增设药学系的申请。1943年申请获批。浙江大学遂在贵州湄潭分部设立药学系办公室，委任孙宗彭教授筹办浙江大学药学系。[②]

图 2-1　国立浙江大学在湄潭的校门

（图片来自《图说浙大：浙江大学校史简本》）

孙宗彭是金国章大学时期的系主任。他在美国受教育和工作期间所领悟到的办学理念，就是要使学生能胜任各种科研工作，能开展多方面的药学研究，以药理作用机制、研发新药为重点，并能承担国家所需的科研任务。受竺可桢校长之托，他确定以培养研究型的药学人才为目标，制订学制为五年的教学计划，充分吸取浙江大学理学院化学系、生物系和基础医学有关学科的特长，与药学专业授课融合成一体的特色，为国内开创培养高级药学科研人才，发展民族制药工业。[③]

1944年秋，药学系招收首届新生，孙宗彭教授是唯一的专职教师，所以药学系是三年级才开始由本系教师授课。学生前三年基本在外系上课（后改为四年制时，前两年在外系上课），因此著名教授苏步青、陈建功、谈家桢、于同隐、束星北、贝时璋等都曾为药学系学生授过课。[④] 1945年8月，日本无条件投降。浙江大学返回杭州时，校园因经历战乱，亟待修

---

① 胡刚复（1892-1966），原名文生，又名光复，江苏省无锡人。物理学家、教育家，中国近代物理学事业奠基人之一。对X射线学的发展做出了重要的贡献。抗战期间，作为理学院院长协助竺可桢校长西迁，并将浙江大学理学院办成了当时最好的学院之一。参见陆兴华，胡刚复：浙大西迁“总参谋长”。《中国教育报》，2015年8月11日。

② 朱谱强，金国章等：孙宗彭教授和他的办学理念。《浙江大学报》，2007-12-21。

③ 同②。

④ 世纪风华明德弘药——写在浙江大学药学院百年华诞。《浙江大学校报电子版》，2013年5月10日。

茸。1945 年浙江大学龙泉分校先期回杭。[①] 1946 年 9 月浙江大学遵义总校才开始分批返杭。重建后的教学、办公大楼分别命名“阳明馆”“梨洲馆”“舜水馆”“存中馆”“叔和馆”等以作励志与纪念。

浙江大学在百废待兴中，药学系主任孙宗彭也忙于筹备师资和物资。囿于当时师资条件，孙宗彭教授只好通过聘请国内一流的专业教师相助。[②] 当年最早聘请到的，有药理学专业的张耀德教授 [③]，药物化学、有机药物合成的张其楷教授 [④]，生药学的刘宝善教授 [⑤]，这是短期内药学系完成的第一阶段师资队伍建设。张耀德教授毕业于齐鲁大学医学院，是我国老一辈药理学家，1947 年去美国 NIH 做研究，后成为 NIH 的终身研究员，但依然与系内师生保持良好的友谊交往。张其楷教授中央大学化学系毕业，德国 Münster 大学博士，是国内著名的药物化学家，他讲授的药物化学课内容新颖、充实，讲授药物的构效关系特别引人入胜，真是精彩的教学。刘宝善教授东南大学毕业，留学英国，对植物分类和中药学有特殊造诣（张其楷、刘宝善两教授后来调至军事医学科学院工作）。1947 年，孙宗彭又从英国聘请顾学裘 [⑥] 任药剂学教授（1949 年去浙江医学院药学系任教），1949 年请到许植方教授 [⑦] 讲授植物化学。1951 年又请到英国留学

---

① 罗卫东:《图说浙大：浙江大学校史简本》。杭州：浙江大学出版社，2010 年 8 月，第 106 页。

② 世纪风华明德弘药——写在浙江大学药学院百年华诞。《浙江大学校报电子版》，2013 年 5 月 10 日。

③ 张耀德（1906–1998）：齐鲁大学医学院毕业，为我国老一辈的药理学家。1945–1947 年在浙江大学执教，后去美国国立卫生研究院（NIH）从事麻风病化疗之研究。

④ 张其楷（1912–1995）：中央大学化学系毕业，德国 Münster 大学哲学博士，我国著名的药物化学家。在浙大时虽身为化学系教授，但药学系一至六届学生的药物化学课皆由其亲授。院系调整后去军事医学科学院工作，多次获得军队和国家的殊奖。

⑤ 刘宝善（1896–1991）：东南大学生物系毕业，在植物分类和中药学方面有特殊造诣。来浙大前曾在国立药专任教。院系调整后去军事医学科学院从事科学研究。

⑥ 顾学裘（1912–2011），教授，江苏青浦（今属上海市）人。1936 年毕业于上海中法大学药科，在国立药任教。1945 年考取英国伦敦大学药学院。1947 年回国任浙江大学副教授。1949 年任浙江医学院教授，药学系主任，并兼任浙江第一制药厂首任厂长。1955 年调至沈阳药科大学工作。

⑦ 许植方（1894–1983），字鲁瞻，又名学贤。浙江省黄岩县人。我国老一辈植物化学家。1949–1952 年期间在浙江大学药学系执教植物化学与药物分析，后去上海医学院药学系任教。

归来的生药学家楼之岑教授[①]，他精于药剂学，讲授“高等药剂学”，抗生素类药物无菌制剂的制备和微生物学测定法等（后去北京大学药学系）。[②]

孙宗彭在湄潭就开始筹集的仪器设备，到1949年春尚有许多已经在美国办完购置手续的仪器、试剂尚未曾运到，他十分焦急，一直等到该年秋天，尚未到校。经过多方打探，才获知这批货物虽然已经从美国港口启运，但由于美方知悉上海已经解放，就变卦了，把货物搁置在菲律宾。孙宗彭又托人多方活动，直到1951年春才得以把这些器物运回国内。当时由章元沛、王秩福、朱明德、郁福兴等人参与开箱、清点，总共追回器物有五六个大木箱，为中国的药学教育事业发挥了重要作用。[③]

药学系办学理念是在浙大综合大学办学优越性基础上实现的。浙大设有文、理、工、农、医、法等学院，强调文理结合，重视文理科教育。全校学生的数、理、化、生等基础课由理学院讲授；理学院学生的必修文科基础课程有语文、英文、第二外国语、中国通史等，使学生具有较好文、理基础，与药学系办学理念充分协调，药学系的学生也可选修化学系、生物系或其他院系开设的有关课程；或旁听其他系的讲座，接受新颖的科学理论；或参加音乐文艺欣赏，发挥学生的各自兴趣。基础性课程由文、理学院负责，而专业课程由药学系发挥自己的优势。学校要求学生学习理论知识和掌握实验技术，在药学系每周约有五六个下午是实验课，有时还需要在星期日补上，实验课除有助教或讲师辅导学生独立操作外，授课教授也大多亲临指导，还要求学生系统查阅有关毕业论文课题的文献。这些方面充分体现了在综合性大学办药学系的有利条件。

1952年全国高校实行院系调整，浙江大学转型为单一的工科大学，药学系合并到上海第一医学院药学系（现为复旦大学药学院），未毕业的学生转到上海第一医学院药学系续读，教师大多随同调至上海医学院，少数转到军事医学科学院等单位工作。至此，浙江大学药学系停办。金国章在

---

① 楼之岑（1920–1995），原籍浙江东阳，安吉县孝丰北村人，生药学家和药学教育家，是中国工程院医药与卫生工程学部首批院士、生药学国家重点学科首席学术带头人。

② 朱谱强，金国章等：孙宗彭教授和他的办学理念。《浙江大学报》，2007–12–21。

③ 同②。

1952 年年初毕业。1999 年 8 月 10 日，浙江大学药学院正式成立。2009 年 6 月 12 日，医学部成立，药学院划归医学部。在这个大平台上，药学院又有了新突破。①

1947 年 9 月 8 日，金国章在浙江大学药学院办理好注册手续。学号 36191 号、校徽 2336 号伴随他度过四年半的大学生涯。15 日，金国章就迫不及待地在浙江大学图书馆借阅了八册图书，以满足他旺盛的求知欲。

在浙江大学就学期间，金国章如饥似渴地吸收着中外各方学说与理论知识，先后阅览中外期刊和图书共计一百多册，其中百分之九十都是医药相关的书刊。这从金国章浙大的“图书借阅证”借阅书目中可窥见一斑：*Science*《科学》、*Nature*《自然》、*Physiological Review*《生理学评论》、*The Journal of Biological Chemistry*《生物化学杂志》、*JPET*《药理学和实验治疗学》、*Endocrindogy*《内分泌学》等生命科学领域的前沿刊物，还有

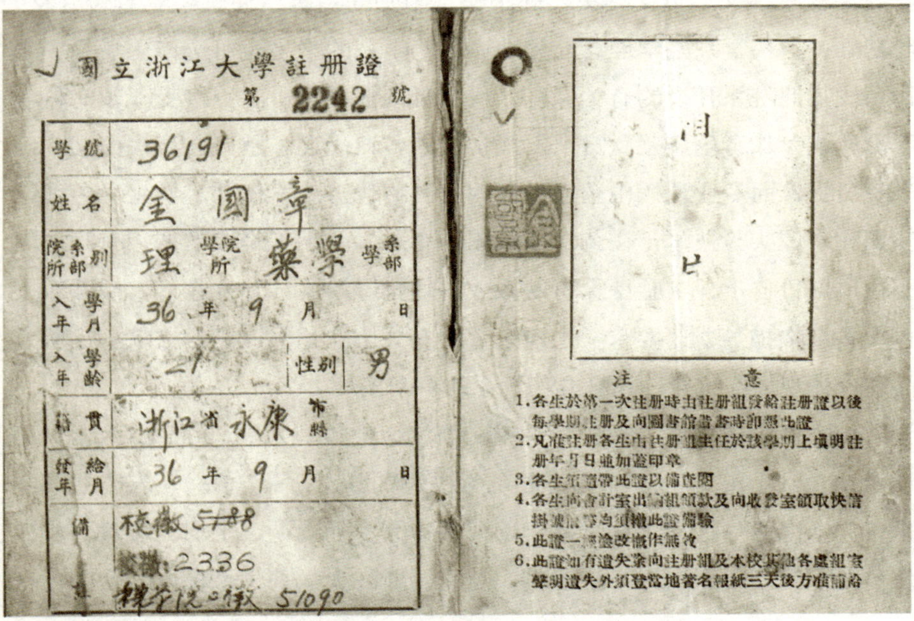

图 2–2　金国章国立浙江大学学生注册证（金国章提供，2011 年杨怀东摄）

① 世纪风华明德弘药——写在浙江大学药学院百年华诞。《浙江大学校报电子版》，2013 年 5 月 10 日。浙大药学院几经变迁，各类档案在搬迁中已不知所终。采集小组成员前往浙江大学档案馆调研金国章档案，收获不多。

《现代药理学》《医药世界》《药物化学》《医药学》《中华医学杂志》《苏联医药》《医务生活》《中华新医学报》等刊物。其中，最让他爱不释手的是《现代药理学》。金国章除了阅看专业书刊外，还喜欢翻阅《人物杂志》《科学画报》《苏联画报》等社科、科普类杂志。

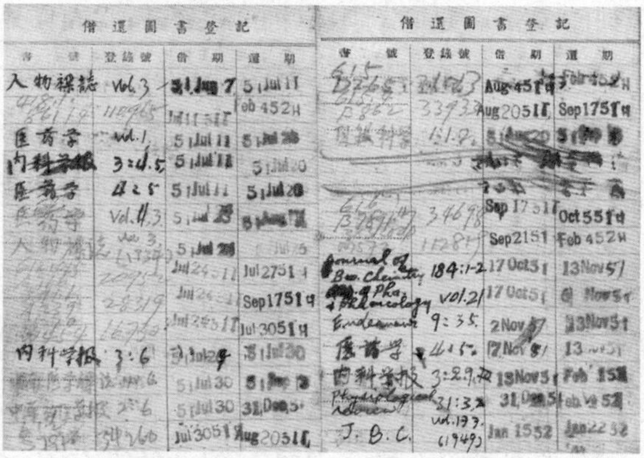

图 2-3　金国章浙江大学图书登记证（金国章提供，2011 年杨怀东摄）

浙江大学的学术氛围浓郁，学术交流活跃，校方经常邀请国内名家来做讲座。时任上海医学院药理学教授兼药理研究科（室）主任的我国著名药理学家张昌绍就是主讲嘉宾之一。① 张昌绍是影响金国章学术人生成功的重要人物，他对金国章的影响就始于此次讲座。②

1951 年的一天，张昌绍教授带助手到浙江大学做药理学讲座。喜欢药理学的金国章犹如久旱逢甘霖，翘首以盼。正是在此讲座上，让他耳闻了张昌绍的新著《现代药理学》，并对其内容有所了解。此书从 1943—1950 年连续六次再版，成为药学教育的经典教材。金国章从图书馆借来该书，认真研读，当时留下了两个深

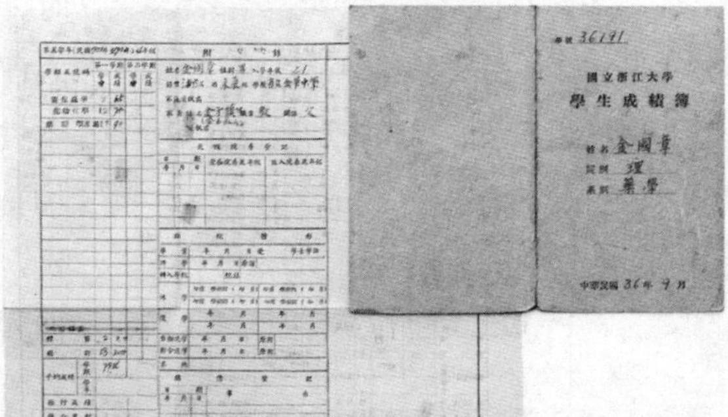

图 2-4　金国章浙江大学成绩册（浙江大学档案馆提供，2012 年杨怀东摄）

① 王卫平，金国章：《张昌绍教授诞辰一百周年纪念》。上海：第二军医大学出版社，2006 年 11 月。内部资料。

② 金国章访谈，上海，2011 年 9 月 14 日。资料存于采集工程数据库。

刻印象：一是它对中枢神经系统药物的作用部位和作用机理阐述得清楚，引起他特别的兴趣；二是它把国际上新的前沿科学，包括磺胺药和青霉素等化学治疗疾病的内容及时介绍到新中国，成为科研工作者看到世界进步的一个窗口。这本书让他产生了“高山仰止”的感觉，至今也赞不绝口。同年，金国章选择药理学为专业。金国章临毕业前，在老师带领下到上海参观了上海医学院药理系。由于时间仓促，虽然是走马观花，却也让金国章对张昌绍教授领导下的药理系产生了敬佩之情。①

大学期间，金国章曾因胃穿孔做了胃缝补和改道手术。术后两年，虚弱的身体常让他力不从心，但他并没有因此辍学，而是凭借顽强的毅力坚持修完学业，各科成绩仍达到了老师要求，而药理学成绩优异。他对药理学已产生了浓厚的兴趣。②

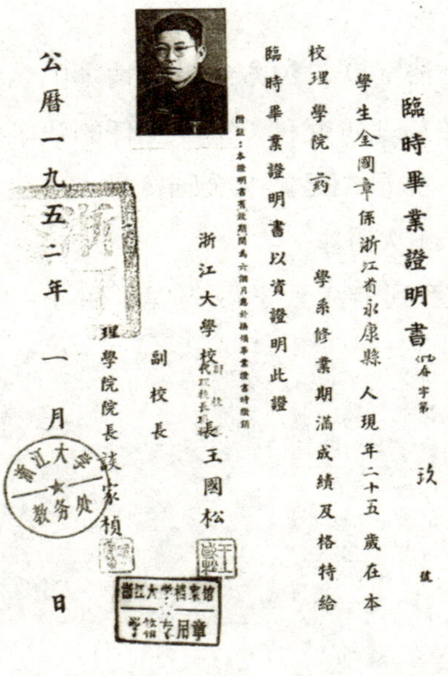
臨時畢業證明書 字第 玖 號
學生金國章係浙江省永康縣人現年二十五歲在本
校理學院藥 學系修業期滿成績及格特給
臨時畢業證明書以資證明此證
附註：本證明書有效期間為六個月應於換領畢業證書時繳銷
浙江大學校長王國松
副校長
理學院院長談家楨
公曆一九五二年一月 日
浙江大学教务处
浙江大学档案馆 学籍专用章

图 2-5　金国章浙江大学临时毕业证
（浙江大学档案馆提供，2012 年杨怀东摄）

1952 年 1 月，金国章顺利毕业，因患病，毕业时间比同届同学晚半年（当时国家急需科技人才，浙江大学学制改为四年）。③ 毕业时，浙大药学系老师在金国章的个人评语中明确指出他的专业特长和个性特点：“该生业务与政治学习均勤，政治思想认识清楚，学风纯正，工作能力甚强……该生所学长处为药理学、药物化学，适宜于研究所工作”④。采集小组没有采集到金国章的大学毕业证，仅从浙江

① 金国章：张昌绍教授的指点与我的工作理念。见：王卫平，金国章主编：《张昌绍教授诞辰一百周年纪念》。上海：第二军医大学出版社，2006 年 11 月，第 30 页。

② 金国章国立浙江大学学生成绩簿（1947 年 9 月至 1952 年 1 月）。资料存于采集工程数据库。

③ 金国章访谈，上海，2012 年 10 月 16 日。资料存于采集工程数据库。

④ 1951 年度应届毕业生登记表，金国章人事档案，6-E0202。存于中国科学院上海药物研究所人事处。

大学档案馆发现了临时毕业证书。当时副校长王国松代理校长职务，理学院院长是谈家桢。证书上明确说明：本证明书有效期间为六个月应予换领毕业证书时缴销。

恩师孙宗彭

图 2-6　孙宗彭教授（金国章提供）

金国章对孙宗彭有特殊的感情，因为孙宗彭不仅仅是他的课业老师，还是他的救命恩人。孙宗彭教授有强烈的事业责任心、学术研究能力和校务管理上才能，他爱系如家、爱生如子的品性让人爱戴。[①]

孙宗彭（1895—1972），江苏无锡人。1922 年毕业于东南大学生物系（南京大学前身）。毕业后，曾任中学生物学老师，因巧遇中国第一代生物学家秉志教授从美国回来任东南大学生物系主任（1920），录用孙宗彭为助教，他便潜心协助秉志教授教学，并开展科研工作。在秉志的推举下，孙宗彭申请到美国洛氏基金（Rockfeller Foundation），1926 年留学美国，1928 年获得宾夕法尼亚大学的动物生理学哲学博士学位，曾被载入当时美国科学名人录。1929 年，孙宗彭教授曾任美国著名制药公司施贵宝（Squibb & Sons，ER.）的研究员，从事内分泌领域的研究工作。在美学习工作期间，孙教授有一项极有意义的发明。他发明了从动物口腔进入（approach）切割取出脑下垂体的创新性技术，比前人从开颅割取垂体法要简易方便，为后人广泛采用。当年在美国旧金山加州大学伯克利分校（UC Berkeley）工作的著名华人生化学家李卓皓教授就采用这种技术。著名华人药理学家

① 朱谱强：漫谈老浙大二三事——为浙大药学院百年华诞而作。浙江大学药学院网站，2013-03-08。朱谱强，章元沛：早年浙江大学药学系史略。浙江大学药学院网站，2006-10-07。

张耀德当场见到李教授的示范试验，认为非常精彩。当时孙宗彭教授没有意识到申请发明专利或撰文正式发表，但这成为他为浙大争取物资资助奠定了基础。1933年底回国应聘于中央大学，任教授并兼生物系主任；1936年底又应江苏医学院之聘。抗日战争爆发后，他随江苏医学院迁至四川北碚，1942年孙宗彭教授应聘到在贵州遵义、湄潭办学的浙江大学。

浙江大学非常重视德、智、体教育。学校对学生的体育课抓得很严。学生每天早上要出早操，早操前要点名，一旦缺席几次，体育课就不及格需重修。金国章早上喜欢睡懒觉。有一天早操时间已到，学校鸣笛催人到操场集中做早操，他紧急起床时，突然感到腹部有较强的尖痛感，遂卧床等待室友回来。陈志康、章元沛等同学下早操回来，急急忙忙把他送往浙江大学的医院求治。到医院时，金国章已经昏迷，不省人事。医生检查后，发现他是胃穿孔、腹膜炎，要求立即开刀手术。当时，金国章的家人都不在身边，系主任孙宗彭教授赶到医院代表家长签字，全权负责一切手术后果。正是同学抢送及时，加上孙宗彭教授的大义担当，医院的及时抢救，以及学校医院有当时紧俏的抗菌药青霉素消炎排脓，手术十分成功，这才让命悬一线的金国章逃过一劫，转危为安。①

孙宗彭教授为人大度、真诚，易于相处；易与学生们交流，关爱学生，师生情谊十分密切，在系内充满友情和亲情。浙大药学系在贵州遵义创办时生活条件十分困苦，师生们不畏艰难、艰苦自励、勤奋好学，各年级同学们有着友爱团结的风尚。他在系里提倡“四互相”，即互相友爱、互相学习、互相团结、互相鼓励，逐渐形成深厚情谊。浙大自贵州迁返杭州后，系内学生三十余人自发组成系会，联系师生情谊，成为“全系一家”的和睦大家庭，师生积极配合参加校内活动。在系里常有师生的共同活动，或开联欢会，或外出郊游活动，孙宗彭教授总是积极参与，融于欢乐之中。②

---

① 金国章访谈，上海，2011年9月14日。资料存于采集工程数据库。

② 朱谱强，金国章等：孙宗彭教授和他的办学理念。《浙江大学报》，2007-12-21。

母校泽成长

浙江大学著名的校训是“求是”。1938年11月9日，竺可桢在浙大西迁至广西宜山时的一次校务会议上正式确定。为阐发“求是”校训的内涵，竺可桢先后发表“王阳明先生与大学生的典范”（1938年11月）、“求是精神与牺牲精神”（1939年2月）和“科学之方法与精神”（1941年5月）三次重要演讲。他认为，“求是”精神既是延伸和升华了浙江大学“勤、诚”等优良传统，又是青年学生成为未来社会和国家领袖所必要的精神品质，它具有科学精神、爱国精神、革命精神、牺牲精神、服务精神等丰富的内涵，提出“求是的路径”就是“博学之、审问之、慎思之、明辨之、笃行之”。①

刚刚进入浙江大学，金国章对所见所闻都有新鲜感。他印象最深的，一是学校的民主墙，当时学校允许学生们各抒己见，畅所欲言，鼓励大家把所思所想都发表在此墙上。二就是浙大“求是”的校训。他当时理解“求是”就是要分清是与非，对与错，尤其是在对日本人的立场上要分清敌我。

浙江大学爱国氛围浓厚，金国章在校期间也积极参与爱国护校活动。金国章进校不久，发生了全国知名的“于子三运动”。于子三（1925—1947），山东牟平人，浙江大学农学院农艺系1944级学生，被竺可桢认定为一位“好学生”。他参加进步学生组织“新潮社”和中共的外围秘密组织“新民主青年社”，并担任浙大学生自治会主席，又选为罢课执行委员会主席。1947年10月26日，在杭州大同旅馆被国民党特务逮捕。竺可桢校长四处奔波设法营救。10月30日得知他被害狱中，又亲去察看，坚决不同意国民党将该学生的死亡说成是自杀。浙大师生闻讯后，对“自杀”之说既震惊又气愤，就进行游行抗议，发起了“反迫害、争自由”的“于

---

① 罗卫东:《图说浙大：浙江大学校史简本》。杭州：浙江大学出版社，2010年8月，第62页。

子三运动”，先后得到杭州、北平、天津、昆明、上海、南京等全国二十多个城市大中学生的积极响应。[1] 它是中华人民共和国成立前夕爆发的最后一次全国规模的学生运动，也是浙大学生爱国民主运动史上最为光辉的火炬。学长池志强[2]，1944年入学浙大，1946年8月由医学专业转入药学专业，中共地下党员，当时药学系的学生领袖之一。[3] 受他的影响，入学一个多月的金国章也加入了药学系的游行队伍。

图 2-7　金国章与药学系同学在浙江大学民主墙前合影
（1949 年 1 月。后排左二为池志强，后排右二为朱谱强，右五为金国章。金国章提供）

① 王玉芝、罗卫东:《图说浙大：浙江大学校史简本》。杭州：浙江大学出版社，2010年，第108–109页。

② 池志强（1924—　），浙江黄岩人，药理学家，中国工程院院士。1949年毕业于浙江大学理学院药学系，1959年11月毕业于苏联列宁格勒儿科医学院研究生部药理系，获医学副博士学位。曾任上海药物所副所长，中科院上海分院副院长。参见：院士风采——中国工程院院士池志强。《中国药物与临床》，2002年第2卷第2期，第68页。

③ 金国章：祝贺池志强院士八十岁寿辰。见：中国科学院上海药物所编:《池志强论文选集》。上海：中国科学院上海药物所，2004年，第XI页。内部资料。

1948年12月，淮海战役胜利，全国解放在即。浙大的国民党要迁校台湾。为了防止国民党在溃逃前的破坏，浙大师生在中共地下党的领导下，掀起了护校运动。12月11日，学生自治会发表“为坚持不迁校，告师长同学工友书”，并成立了“应变委员会”。池志强被选为应变委员会候补委员，负责部分安全部工作。据池志强回忆，安全部的主要工作就是值班，白天晚上值班，保卫学校里边的安全。另外就是查血型，为防发生战争，为输血做好准备工作。① 金国章在校期间也积极参加学习，并掌握了测定血型的技术。②

① 池志强：情况说明（1954年8月6日）。存于中国科学院上海药物研究所档案室。

② 金国章访谈，上海，2012年10月16日。资料存于采集工程数据库。

第三章 梦想扬帆

步入上海药物所

如果说“浙大岁月”为金国章打造了“梦想之舟”，那么迈入中国科学院上海药物所，就意味着这艘“梦想之舟”正式扬帆起航，金国章将在药理学神秘浩瀚的海洋自由游弋。

1952年1月，金国章从浙江大学理学院药学系毕业，等待国家统一分配。① 离校前，全体毕业生参加了短期政治学习班。在学习班上，大家一致表示愿意服从国家分配，到祖国最需要的工作岗位上去。那时，国家百废待举，各行各业都急需科技人才。2月初，乍暖还寒之际，金国章与同学们在领队率领下，集体乘火车前往上海华东局报到。火车站上空回荡着苏联卫国战争年代的歌曲：“再见吧，妈妈！别难过，莫悲伤，祝福我们一路平安吧！再见了亲爱的故乡，胜利的星会照耀我们……”

---

① 王扬宗、曹效业主编：《中国科学院院属单位简史》第二卷，上册。北京：科学出版社，2010年，第2页。

学生队伍在上海停留了数天，待领队集合了沪区学生后又同乘火车前往北京。金国章被分配到了中国科学院。[①] 中国科学院院部人事局的工作人员热情欢迎了他，并向他介绍了中国科学院的概况以及对科研人员的管理要求。并告知金国章，他的工作单位在上海，是中国科学院有机化学研究所下设的药物研究室（当时上海药物所正在筹建中）。离开中国科学院院部时，看着圆形、红底上镶嵌着五个金黄色“中国科学院”字样的徽章，金国章内心充满了自豪感。[②]

1952 年 2 月 9 日，金国章来到上海，到位于长宁路中山公园对面的中科院有机化学研究所报到，成为药物研究室的一员，也成为由国家分配到室的第一位大学生。他在当年的“入职人员上海药物所调查表”的“个人志愿”一栏中郑重写下自己的决心和心愿：“在‘中药科学化’的方针下，我应该尽最大力量，将许多国药的药理作用研究清楚，以便广大人民解除用药的苦痛”。[③] 药物所，这个让金国章付出一生年华的科研机构，对他来说有着特别的魅力！

中国科学院上海药物所前身是国立北平研究院药物研究所。[①] 1932 年夏，国立北平研究院院长李煜瀛、副院长李叔华两位先生及北平中法大学李麟玉先生认为“鉴于我国药物科学化之重要，欲筹办一药物研究所于北平”，时任中国协和医学院药学系主任赵承嘏受委托，创办“北平研究院药物研究所”于“北平东皇城根 42 号北平研究院理化部”内，由赵承嘏任所长。1933 年，南迁上海，暂入中法大学校区；1936 年，搬入上海法租界福开森路（现武康路 395 号）。1949 年 11 月，中国科学院在北京成立。[④] 1950 年 3 月 21 日，李亚农代表中国科学院接收原北平研究院药物所。5 月，成立中国科学院化学研究所，1950 年在植物所工作的王克辉给

① 有林、郑新立、王瑞璞主编：《中华人民共和国国史通鉴》第一卷（1949–1956）。北京：当代中国出版社，1993 年，第 211 页。

② 金国章：诠释：一个新现象发现的故事：我的科学人生和趣事。见：中国科学院上海药物研究所编：《金国章院士八十华诞纪念画册》，2009 年，第 13 页。内部资料。金国章访谈，上海，2012 年 10 月 16 日。资料存于采集工程数据库。

③ 金国章人事档案，6–E0202。存于中国科学院上海药物研究所人事处。

④ 稽汝运：药物所回顾。见：中国科学院上海药物研究所编：《继往开来，再创辉煌——中国科学院上海药物研究所七十年光辉历程（1932–2002）》。2006 年，第 4 页。内部资料。

上海市负责同志写信建议建药学所，不久成立药学所筹备处。1951 年，化学所改为有机化学所。[①] 因科研人员少，药物所变更为由赵承嘏任室主任的药物研究室，并暂挂靠于中国科学院有机化学研究所（人员、经费、科研等独立于有机化学所），科研场所仍设在上海武康路 395 号。1951 年 7 月，研究室仅有赵承嘏、高怡生、谢毓元和丁光生等八人。同年 11 月，药物研究室建立了药物化学、药理及抗菌素研究三个组。[②] 1953 年 3 月，明确了“中国科学院药物研究所”的建制。赵承嘏任所长。此时，药物所下设合成化学、药理研究、抗菌素研究和中药研究四个组。自此，药物所进入新的历史发展阶段，通过两个“五年计划”形成了药物研究新的格局。科研方面明确了以抗血吸虫病和高血压病治疗药物为研究重点的布局，避免了人力财力的分散、重复和浪费。行政方面，对器材供应进行管理；图书馆实行专人负责，大量增订期刊和图书品种。充实人员编制，1953 年六十六人，1954 年又新增业务人员、助理业务人员和行政人员共十五人。在干部培养方面，针对不同专业、不同级别的研究人员开设不同的理论知识和专业技能训练，包括德语、俄语学习，专业知识学习等。[③] 药物所各项工作逐步走上正轨，学术研究风气渐浓。

1952 年 2 月 10 日，金国章到武康路 [④] 向时任药物研究室主任的赵承嘏报到。这是一幢带有西方新古典主义风格的独立式花园住宅，是通过国立北平研究院李石增院长关系，由北洋军阀时代的交通部长叶恭绰捐赠的私人住宅。[⑤] 金国章进入大门后，一路上没见到多少人，他当时很好奇为什么这么冷清。到了二楼，看到一位年近七十的清瘦老人在光线明亮、器

---

① 《药物所 1969 年基本情况汇编沿革及概况》，1969-03-01。存于中国科学院上海药物研究所档案室。

② 丁光生：药理研究室筹建散记。见：中国科学院上海药物研究所编：《继往开来，再创辉煌——中国科学院上海药物研究所七十年光辉历程（1932-2002）》。2006 年，第 15 页。内部资料。

③ 药物研究所 1954 年工作总结，1954-03-02。存于中国科学院上海药物研究所档案室。

④ 稽汝运：药物所回顾。中国科学院上海药物研究所编:《继往开来，再创辉煌——中国科学院上海药物研究所七十年光辉历程（1932-2002）》，2006 年，第 4 页。内部资料。

⑤ 高怡生：赵承嘏教授生平简介。见：中国科学院上海药物研究所编:《继往开来，再创辉煌——中国科学院上海药物研究所七十年光辉历程（1932-2002）》，中国科学院上海药物研究所编，2006 年，第 7 页。内部资料。

皿整洁的实验室里埋头工作。他就是我国著名植物化学家，中国科学院上海药物研究所第一任所长赵承嘏研究员。

要了解上海药物所的发展历程必须了解赵承嘏先生，他是药物所的奠基人；要了解金国章一生中对延胡索药理研究的重要贡献，就必须了解赵承嘏，正是他提取的延胡索生物碱结晶体，使得“延胡索”药理研究成为可能，可以说是他在“延胡索”药理研究科研道路上竖起了第一座里程碑。

赵承嘏（1885—1966），字石民，江苏江阴人。少年应举为秀才、廪生，后改从新学。1905 年，赵承嘏弃文从理，通过了江苏省官费留学生考试，赴英留学。凭着聪颖勤奋，经过英国中学一年苦读，1906 年考入曼彻斯特大学化学系，1910 年获理学学士学位，1911 年获曼彻斯特大学硕士学位。1912 年于瑞士苏黎世工业学院学习。1914 年获瑞士日内瓦大学博士学位。他在攻读博士学位期间完成了紫堇碱（延胡索甲素）的全合成。毕业后，赵承嘏在日内瓦大学留校任教两年，成为在欧洲大学讲授科学（Science）课程的第一位中国人。1916 年后到法国罗克药厂研究部工作，因工作出色擢任研究部主任。①

1923 年，赵承嘏载誉回国，任南京高等师范学校（先后更名为国立东南大学、国立中央大学、南京大学）数理化学部教授。1925 年 1 月，国立东南大学因军阀段祺瑞政府介入而爆发校长易人风潮，竺可桢等著名教授均愤而辞职，赵承嘏也离开

图 3–1　赵承嘏院士在武康路实验室
（上海药物所办公室提供）

① 中国科学院上海药物所编:《中国现代药物研究的开拓者：赵承嘏（1985–2015）》。第 7 页，10 页，19–20 页。内部资料。

了东南大学，受聘于北平协和医学院，任药物化学教授，后兼任药理系代主任。二十世纪二十年代末，国内学术界要求设立国立研究机构的呼声日盛。1928 年 6 月，蔡元培在南京创办了国立中央研究院，总部设在南京，研究所大多分布在南京和上海。1929 年 9 月，李石曾创办了国立北平研究院，研究所大多建在北平（现北京）。北平研究院的研究机构包括天算部、理化部、生物部、人地部、群治部、文艺部和国学部。理化部规模占据研究院半壁江山，下设研究所有物理学、镭学、化学和药学。赵承嘏早年在法国与李石曾相识，“以最新之科学方法，将重要的有效成分进行分析利用”的建所目的正是他孜孜以求的理想，遂欣然接受邀请，并着手创办药物所。1932 年 6 月，由北平研究院与中法大学合作共建的药物研究所成立，赵承嘏任所长兼研究员。经费由两个机构共同分担。每年数千元。经过短期筹备，药物所于 9 月 1 日开始运行。1935 年，任中央研究院评议员，这是个很高的荣誉职位，相当于现在的院士。当时全国化学界只有四人具有评议员资格。“太平洋战争”爆发前，日本人看中了上海药物所的设备，当时药物所的设备之精良在东亚也是数一数二的。① 1942 年“太平洋战争”期间，一天，日本人突然到上海药物所，查封药物所，并将全部仪器设备搬到黄浦江边的船上，准备运往日本。赵承嘏立刻赶到法国驻沪领事馆，提出这些设备是法国退还的庚子赔款所购，日本人无权运走，当即由法国领事通知码头上的巡捕扣留船只，不许起航。接着，法国公董局教育处处长亲自去码头，协助将仪器设备搬回上海药物所。事后，日本宪兵队曾几次三番传讯赵承嘏，但为了保全药物所，他并不逃避，而是直面危难。② 战时生计维艰，经费来源断绝，工作人员纷纷离开。他就与天明药厂厂长合作，由该厂负责全所经费，药物所恢复运行，工作人员陆续返回。中华人民共和国成立前夕，药物所工作人员包括赵承嘏仅剩四人。1952 年 8 月，当选中国科学院首批特级研究员。1953 年复任中国科学院药物研究所所长。

① 赵体平：纪念我的父亲赵承嘏诞辰一百周年。见：中国科学院上海药物研究所编：《纪念赵承嘏教授诞辰一百周年（1885–1985）》。1985 年，第 43–47 页。内部资料。

② 《药物所 1969 年基本情况汇编 · 沿革及概况》，1969–03–01。存于中国科学院上海药物研究所档案室。

1955年当选中国科学院数理化学部委员。他以毕生精力研究中药，直至临终之日上午仍在实验室工作。①

赵承嘏是我国中草药化学研究的先驱者，在生物碱的分离结晶方向有独到之处。人类的祖先在用中草药防治疾病时，或用水煎、酒浸，或做成丸、散、膏、丹等各种剂型，但并不知道它们的有效成分是什么。直到现代科学时代，学者们逐渐注意分析研究中草药的有效化学成分。植物中化学成分非常复杂，许多成分结构十分类似，有的成分含量极少，只有百万分之一，甚至千万分之一。当然，应用现代的分离和纯化技术，要把这些复杂的成分一个个地分离纯化，已不是太大的难题。但是，在二十世纪二十年代，这些分离纯化的新技术都还没有被发明和采用，要进行中草药有效成分的研究，其困难是可想而知的。在中国，这项工作到二十世纪二十年代后期才开始。赵承瑕正是在那个时代，利用有限的技术手段，首先开始了对中草药的系统研究工作。②

"延胡索"的研究成果是赵承嘏毕生工作成果的代表作之一。赵承嘏在极其艰难的工作条件下，坚持科学研究八年（1928—1936），系统分纯"延胡索"的十多种生物碱（被命名为延胡索甲、乙、丙等），并确定其化学特性和化学结构，成为植物化学的经典研究之作，赵所长寄予其功能上以极大的期望。但遗憾的是，在二十世纪三十年代，开展镇痛药理研究在国际上尚属难题，许多学者的研究工作尚无法回答"延胡索"镇痛作用中的有效组分究竟是什么的问题，这令他十分惋惜。值得欣喜的是，在国难时期（1937—1945），他将从"延胡索"中分离的珍贵的生物碱精心保存了近二十年。③ 直至1955年，胥彬回国才使得这项研究工作出现转机得以传承，也才使得金国章对"延胡索乙素"的研究成为可能。

---

① 高怡生：赵承嘏教授生平简介。见：中国科学院上海药物研究所编：《继往开来，再创辉煌——中国科学院上海药物研究所七十年光辉历程（1932-2002）》，2006年，第7页，第8页。内部资料。中国科学院上海药物所编：《中国现代药物研究的开拓者：赵承嘏（1985-2015）》。第7页，10页，19-20页。内部资料。

② 高怡生、朱任宏、谢毓元：我国中草药化学研究的先驱者——赵承嘏教授。《化学通报》，1980年第3期，第50-51页。

③ 金国章：第一任所长赵承嘏院士对神经药物的贡献及其后效应。见：中国科学院上海药物研究所建所八十周年庆网站，2012-07-04。

金国章来药物所报到时，初见赵承嘏，他首先作了自我介绍。接着，赵承嘏向他介绍了药物所的基本情况，并告诉他，因为全国在搞“三反”运动，所里的年轻人都去参加运动了。这才打消了金国章一路上没见到什么工作人员的疑虑。赵承嘏也没有像要求其他人一样，要求他用毛笔书写姓名，这也让惴惴不安的金国章长舒一口气。二人面谈后，赵承嘏便安排他跟随丁光生教授从事抗高血压的中药药理学研究。①

图 3-2 丁光生教授（1989 年。上海药物所办公室提供）

丁光生是金国章科研工作起步的第一位引路人。丁光生（1921— ）是我国第一代麻醉学家、药理学家及编辑学家，上海药物所终身成就奖的获得者。② 父亲丁绪贤于清朝末年留学英国，是中国最早一代的化学家。母亲陈淑，也留学英国，是中国女子教育的前驱。他们追随孙中山辛亥革命而相识。丁光生在这样一个家庭中成长，自幼立志科学救国。1944 年中央大学医学院毕业，1947 年作为公费留学生在美国芝加哥大学药理系学习，1950 年 6 月获药理学临床麻醉学和药理学专业博士学位。1951 年 7 月学成归国。经时任中国科学院副院长竺可桢教授和实验生物研究所所长贝时璋教授举荐到上海药物所工作。1951 年 7 月 29 日，他成为中国科学院有机化学研究所药物研究室的一员。受赵承嘏委托，丁光生负责药理研究室创建工作。中国人民解放军军事医学科学院秦伯益院长③ 为丁光生的题诗精辟描述了丁光生的科研成绩和鲜明个性：“丹心报国渡重阳，细雨润物秀华章。几案常展经纶书，杖履不涉名利场。新药评价自君倡，期刊

① 金国章访谈，上海，2012 年 10 月 18 日。资料存于采集工程数据库。《药物所 1969 年基本情况汇编 · 沿革及概况》：上海药物所历次重大政治运动简介，1969-03-01。存于中国科学院上海药物研究所。

② 丁健：序。见：中国科学院上海药物研究所编：《丁光生的九十年》。内部资料。

③ 秦佰益（1932- ）：江苏省无锡人。1955 年毕业于上海第一医学院，1959 年获苏联医学副博士学位。曾任军事医学科学院院长，该院毒物药物研究所研究员。1994 年当选为中国工程院院士。2005 年 6 月退休。

规范赖翁扬。最是难能可贵处，直人快语暖人肠。”①

金国章到上海药物所时，药理实验室尚处于初创阶段，正缺人手。②因刚解放不久，物力维艰，丁光生开始筹建动物房以及相关设施。他从实验台的图纸设计，到仪器设备的置办，一切都是白手起家。他首先把他住宿用的那间仓库改建成动物房。由于天冷水泥架不易干，不得不手捧炭炉去烘烤。动物笼子、动物和饲料等问题也在亟待解决中，③金国章正好成为丁光生的得力助手。1952 年 7 月 30 日，药物研究所举行建所二十周年纪念活动之时，药理实验室仅有他们两位工作人员。

图 3-3　金国章（左）与丁光生教授在第一药理实验室合影（1952 年。金国章提供）

实验室初步具备研究条件后，研究方向就被提上了议事日程。1952 年秋，赵承嘏所长从北京开会回来，与丁光生谈到有很多中央领导人都患有高血压，而我国对于降血压的研究与治疗都没有明显的成效。他提出，药理实验室的研究工作可否从降高血压药物研究开始？丁光生接受了赵承嘏所长提出的建议，着手筹备抗高血压药物研究工作。④

随着药物研究室队伍及规模的扩大，1953 年 1 月 23 日，中国科学院下达文件，正式成立为中国科学院药物研究所（1970 年，改名为中国科学院上海药物研究所），任命赵承嘏为所长。设立化学合成、抗生素和药理三个研究组。丁光生担任药理组组长。⑤药物所开始做研究工作计划。当

---

① 中国科学院上海药物研究所编:《丁光生的九十年》。2011 年，第 90 页。

② 中国科学院药物研究所筹备处：药物所（筹）1952 年工作计划。1952-03-001。存于中国科学院上海药物研究所。

③ 丁光生：药理研究室筹建散记。见：中国科学院上海药物研究所编:《继往开来，再创辉煌——中国科学院上海药物研究所七十年光辉历程（1932-2002）》。2006 年，第 15 页。内部资料。

④ 同③，第 16 页。内部资料。

⑤ 同③，第 16 页。内部资料。

图 3-4　中国科学院上海药物研究所二十周年合影
（1952 年 7 月 30 日。后排左起：陈联安、唐人俊、翁尊尧、孙存济、朱应麒；中排：陆顺兴、老杜、老吕、姚凤朝、陈菊南、谢毓元、章辛、王友梅、余鸿勋、金国章；前排：谢毓英、×××、曾广方、赵承嘏、高怡生、蔡润生、丁光生。丁光生提供）

时制订计划尚在摸索阶段，发展方向亦未明确，仅以研究工作密切联系实际为目标，各方面交来的任务都尽量接受。至 1953 年底，赵承嘏所长出席中科院召开的所长会议，接受各方面意见后，根据科学院的发展方针，在所内通过讨论，确定了本所的发展方向，制订了五年研究计划，并确定了重点研究工作，包括“治疗高血压病药物的研究”等七项工作。此后，实验室又陆续引进了与此方面研究相关的科研与技术人员，科研力量进一步增强，1954 年 11 月药理组（含动物房）已发展到二十一人。①

药理实验的开展需要包括鼠、兔、犬等在内的许多实验动物。问题是

① 药物所第一个、第二个五年科研计划工作总结，1958-03-03。存于中国科学院上海药物研究所。丁光生访谈，上海，2012 年 7 月 17 日。资料存于采集工程数据库。胥彬访谈，上海，2012 年 10 月 9 日。存地同上。

图3-5　丁光生教授（后排左一）与初创的药理组成员们在岳阳路320号合影（1953年9月。前排左起：张淑改、吕宝芬、叶德华、朱巧贞、沈美玲；中排左一金国章，中排右二陈志康、右三曾衍霖；后排左二梁猷毅、右二池志强。金国章提供）

实验动物从何而来、养在何处？尤其对于高血压药物的研究，更是需要制备很多肾型高血压犬动物模型。1953 年夏，中科院水生生物研究所从上海市岳阳路 320 号主楼搬迁到武汉，留下的实验室就安排给了药物研究所的植物化学组和药理组。这对一筹莫展的金国章他们来说，无异于喜从天降。① 1953 年五六月间，药理组从武康路入驻岳阳路 320 号主楼。金国章跟着丁光生老师一起除了布置新实验室外，还要忙于解决动物房的问题。1954 年编制的"基本建制计划任务书"提出：降低高血压药物及治疗血吸虫病药物研究为我所重点研究项目，必须饲养繁殖动物，保证供应，保证

① 丁光生：药理研究室筹建散记。见：中国科学院上海药物研究所编：《继往开来，再创辉煌——中国科学院上海药物研究所七十年光辉历程（1932–2002）》。2006 年，第 15 页，16 页。内部资料。

动物质量，以适应药理实验之需。为此，中科院华东分院领导先让出大院东南角（靠近枫林桥）的一座凉亭下面的暗室来养犬，但是地方太小。后来，又决定将东边沿岳阳路的几间平房翻修成动物房。开始，工人们认为房屋改造很容易，哪知这些房子是二十年前日本人用钢筋水泥建的，极其坚固，工人们费了九牛二虎之力才改建好。但这些实验动物用房还是远远不能满足需求。后来他们又争取到漕河泾（当时属远郊，过龙华火葬场）一大块农田用于建造动物房。①

1953—1955 年，中国科学院上海分院领导很重视科研人员的科学思维，组织大家学习辩证唯物主义、《实践论》《矛盾论》等经典著作，按期请院外专家讲授，科研人员分组于星期六下午自学和讨论。金国章曾任学

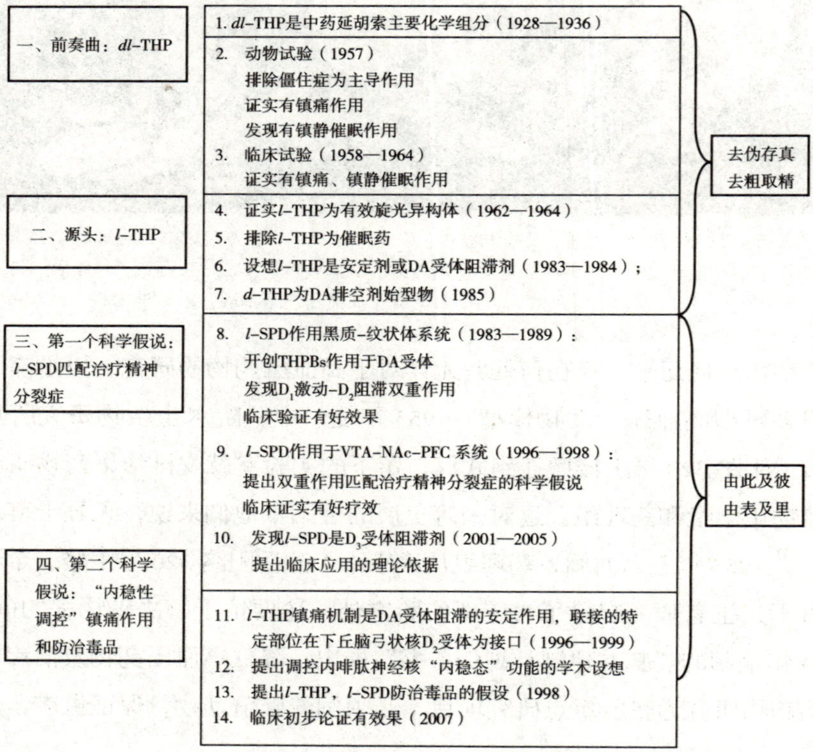

图 3-6 科学研究与科学思维

① 药物所实验楼、动物房建造、改建计划及 1955 年基建计划任务书，1954-12-001。存于中国科学院上海药物研究所。

习小组长多年，组织大家讨论，定期向领导汇报，便于问疑和解答，收益良多。使大家认识到事物发展的内因和外因的辩证关系，要抓住事物主要和次要矛盾的转化条件，对事物研究要“去伪存真，去粗取精；由此及彼，由表及里”的思维逻辑，成为大家的口头禅和信条。金国章在长期科研工作中，自觉和不自觉地应用这种思维逻辑，在 THPBs 作用于 DA 的研究长达五十年的历程中发挥着重要作用。

在药理学界初露头角

动物房和动物问题基本解决了，金国章他们又面临新的难题。哪些药物具有抗高血压的作用呢？金国章在丁光生的指导下首先从文献调研入手，逐一整理文献记载及民间经验，以寻找治疗高血压病的药物。通过文献比较研究，他们决定从中药“杜仲”入手。在集体努力下，大家尝试各种相关实验方法，获得了初步经验。1954 年，药物所列出具体的研究工作计划，决定在“杜仲”的研究基础上，对另外十五种中药的降压效果进行初筛。然后，再与药物化学组合作，进行更深入的药理研究。经对众多的中药筛选后，“藜芦”最终被确定为一味需要深入研究的药物。① 当时，药物所朱任宏 ② 已研制成功“藜芦”结晶体。他从天目山藜芦制出其结晶的盐酸盐等，从上海购买的藜芦中，分得一金黄色针状色素，制成其结晶的乙酸酯和溴化物 ③ ，这为进一步开展药理研究奠定了较好的基础。

在此期间，金国章与张淑改 ④ 一起逐步掌握了临床麻醉的实验技术，

① 药物所 1954 年工作计划、工作总结，1954-03-02。存于中国科学院上海药物研究所。

② 朱任宏（1900-　），广东省兴宁县人。天然药物化学家。1924 年国立南京高等师范学校数理化部毕业。中国科学院上海药物研究所研究员。致力于中草药有效成分的研究，先后研制出延胡索乙素、高乌头碱甲素、3－乙酰乌头碱等多种镇痛新药；并发现了一些抗心律不齐的有效成分，如关附甲素、庚素等。是中国研究中草药有效成分最早的药学家之一。

③ 朱任宏、王友海：天目山藜芦中的植物碱。《化学学报》，1956 年第 22 卷第 4 期，第 299 页。

④ 张淑改，浙江大学理学院药学系第一届毕业生，1953 年 7 月分配至上海药物所工作。研究员。参见张淑改：《淑改行迹》。2009 年，第 1 页。内部资料。

并且应用在狗的颈动脉皮桥测量血压中，供慢性观测药物疗效等。[①] 1956年12月，金国章在《生理学报》首次发表了他科研人生中的两篇学术论文，"治疗高血压药物的研究——Ⅰ.中药藜芦的降低血压作用"[②] 和"治疗高血压药物研究——Ⅱ.中药杜仲的毒性和实验治疗"[③]。这也是药理实验室取得的首批研究成果。

在杜仲煎剂抗高血压动物试验中，金国章发现，尽管在当时的试验条件下，该煎剂在治疗剂量时，毒性很小，但它的降压效果却不够满意；在研究中药藜芦的降压作用时，他便细心地注意到，中药藜芦粗提液甲和乙在对麻醉狗的降压作用中，乙比甲强两三倍，其原因是因为乙所含的生物碱的含量更高。在"天目藜芦碱乙的降低血压机制"研究中，金国章发现它的降压作用与迷走神经传入组织关系密切，前人称其为"Bezold 效应"，作用于心肺区，迷走神经必需的传入途径，抑制颈动脉窦的加压反射使血压下降，而它的降压作用与迷走神经传出纤维的关系并不重要，这种反射机制尚不能完全解释它的降压机制。[④]、金国章很重视中药"天目藜芦碱乙"的物质基础，并深刻体会到科研工作的乐趣。

在药理组工作期间，金国章跟随丁光生，科研实践能力得到了锻炼，科研写作能力也得到了提高。

丁光生十分重视对年轻人的科研素养培养工作。他首先为药物所药理组的人员做了"如何做科学研究"的系列报告。报告包括五个方面的内容：第一讲是如何做科学研究；第二讲是如何查阅文献资料；第三讲是如何做实验设计；第四讲是如何处理实验数据；第五讲是如何撰写科研论文。[⑤]

---

① 金国章：祝贺丁光生教授八十寿辰。见：中国科学院上海药物研究所编:《丁光生的八十年》。2001年，第9页。内部资料。

② 金国章等：治疗高血压药物的研究——Ⅰ.中药藜芦的降低血压作用。《生理学报》，1956年第20卷第4期，第233-246页。

③ 金国章等：治疗高血压药物研究——Ⅱ.中药杜仲的毒性和实验治疗。《生理学报》，1956年第20卷第4期，第247-253页。

④ 金国章等：治疗高血压药物的研究——Ⅳ.天目藜芦碱乙的降低血压机制。《生理学报》，1958年第22卷第1期，第71-78页。

⑤《药物所1969年基本情况汇编·沿革及概况》：丁光生怎样做科学研究报告，1969-03-01。存于中国科学院上海药物研究所。

他说，要做科研，首先就要学会如何查阅资料，当时没有电脑，而是依靠经典杂志《化学文摘》（*Chemical Abstract*，*CA*）进行查阅。这是初涉科研工作者必须要掌握的一些入门技能。丁先生对撰写论文也有特定要求，他重在培养和引导科研工作者对学术问题不断思考、不断深化，达到去粗取精、去伪存真的目的。他说这是科研工作者必备的基本功。回顾初次撰写科研学术论文的写作经历，金国章感到一切仍历历在目：

> 他（丁先生）对我提出了一个看似苛刻的要求，“你第一次写论文要写十遍”。我起初并没有理解丁老师的用意何在。而在当时没有电脑的情况下，我每写一次，就要从头再思考一次，思考的问题就更深化一次，直到理清科学思路。后来，我也慢慢地体会到他的良苦用心。首先，资料要全，能想到的、能动手找到的资料，都可以先列入思考内容；其次，思路要有系统性，要有逻辑性，一步一步地，深入浅出，达到全而精的要求。我也认认真真地思考，按照丁光生的要求，我写了十遍，而他也改了十遍。丁光生老师对我的认真指导，确保了工作的逻辑性，这让我终身受益。后来，我也把丁光生老师的一些科研方法传授给我自己的学生，科研精神就是这样一代代传承下去的。①

所外名师的启迪

1952 年的药物所，本部设在武康路，部分实验室安置在岳阳路 320 号。岳阳路 320 号大院始建于 1929 年 12 月，那是日本从“庚子赔款”中拿出资金，以每亩白银一千五百两的地价，在法租界购得这块位于徐家汇路和祁齐路交界处的五十五亩土地（现肇嘉浜路岳阳路），后又补购若干亩。1931 年 4 月建成“自然科学研究所”，将其作为生物医药研究基地。

① 金国章访谈，上海，2012 年 10 月 18 日。资料存于采集工程数据库。

抗战胜利后，被国立中央研究院接收。[①] 1948 年前后，生理学家林可胜教授[②] 在征得中央研究院的同意后，在此处筹备成立有国际影响力的医学研究所。林可胜招聘冯德培、王应睐[③]、汪猷[④] 等知名科学家相助。三人按专业分别负责生理、生化、有机合成三个研究室的筹建。这些学科领域均与药物专业密切相关。三人中对金国章学术人生产生重要影响的是冯德培。

冯德培（1907—1995），浙江临海人，神经生理学家。1926 年毕业于上海复旦大学生物系。1933 年获英国伦敦大学博士学位。1948 年当选中央研究院院士。1955 年选聘为中国科学院院士（学部委员）。1986 年当选为第三世界科学院院士。中国科学院上海生理研究所研究员、名誉所长。曾任中国科学院副院长。冯德培在肌肉神经的能力学、神经肌肉接头生理学、神经与肌肉间营养性相互关系的研究方面都取得有

图 3-7　金国章与冯德培院士（右）在美参观时合影（1992 年 10 月。金国章提供）

---

① 程新国:《海上大师：中国现代科学奠基者萍踪》。上海：上海科学普及出版社，2007 年，第 241 页。

② 林可胜（1875-1969），中国生理学奠基人之一。福建厦门人。1919 年爱丁堡大学医学院毕业，1920 年获哲学博士学位，并被聘为讲师。1925 年回国，任北京协和医学院生理系主任教授。1935-1937 年履行执行院长职务。1949 年赴美工作。参见饶毅：几被遗忘的中国科学奠基人之——中国生理科学之父林可胜。《中国神经科学杂志》，2001 年第 17 卷第 2 期，第 171-172 页。

③ 王应睐（1907-2001），生物化学家，福建金门人。1929 年毕业于南京金陵大学化学系。1941 年获英国剑桥大学生化博士学位。1955 年被选聘为中国科学院院士（学部委员）。1981 年当选为比利时皇家科学文学与美术院外籍院士。1988 年当选为捷克斯洛伐克科学院外籍院士。参见李伯良：王应睐同志生平介绍。《生命的化学》，2001 年第 3 期，第 176-177 页。

④ 汪猷（1910-1997），浙江杭州人，有机化学家、生物有机化学家，中国抗生素研究的先驱，是牛胰岛素全合成的主要参加者之一。1931 年毕业于金陵大学化学系；1937 年获德国慕尼黑大学博士学位。1947 年 9 月至 1949 年 12 月任中央研究院医学研究所筹备处研究员。1955 年选聘为中国科学院院士，法国科学院外籍院士。参见钱伟长，白春礼:《20 世纪中国知名科学家学术成就概览：化学卷》，第 3 分册。北京：科学出版社，2013 年 3 月，第 86 页。

开创性意义的重要成果。他发现静息肌肉被拉长时产热增加，氧消耗也增加。这个新发现被国际生理学界称为“冯氏效应”载入科学史册。他在神经肌肉接头生理学方面是国际公认的先驱者之一。首次提出了钙离子与神经末梢 Ach 的递质释放有特殊关系的设想，指出钙离子在神经肌肉接头的主要作用最可能是促进冲动在神经末梢引起的递质释放。这样关键作用后来成为突触生理学的一个基本事实。他发现了强直刺激后强化现象（PTP）。这类现象是突触可塑性表现的一个基本内容。此外，他还发现箭毒、毒扁豆碱等对突触前神经末梢有重要作用。这一发现是以后许多神经药理学研究工作的起点。六十年代初，他开辟神经肌肉间营养性相互关系研究。八十年代开始致力于开拓突触的细胞和分子生理学领域，特别是突触可塑性的研究。这些研究均取得可喜成果并为国际同行所证实。①

1953 年，时任中国科学院生理生化研究所所长的冯德培研究员为所内新来的大学生，开办有关神经生理学的系列讲座，旨在启蒙年轻科研工作者的创新性学术思想，培养科研工作的逻辑性和远见性。对求知欲旺盛的金国章来说，这可谓是千载难逢的机会。征得丁光生同意后，他旁听了这一系列讲座。令金国章印象深刻的是，冯德培所从事的神经－肌肉化学传递作用的研究，即神经冲动传入肌肉的作用机制。当时有人认为是电传导，冯德培提出乙酰胆碱（acetylcholine，ACh）化学传递的论点。经实验证明他的论点是正确的。后来，这个论点成了这个领域内的经典论述。讲座中，他特别强调学术思想的创新，并将学术思想的创新视作科研工作的灵魂；他还强调实验工作中的技术方法是服从学术思想需要的，即使有困难也要设法解决。这让金国章不禁产生了“听君一席话，胜读十年书”的感触。冯德培强调的科研工作者要有创新性学术思想的观点也成为金国章日后工作中的科研信条。②

另一位对金国章学术人生产生重要影响的是他大学时期就十分敬仰的我国药理学名师张昌绍。在丁光生的引荐下，金国章认识了张昌绍，后来

---

① 冯德培先生生平。《生理学报》，1995 年第 6 期，第 522–523 页。

② 金国章：回忆几件往事——纪念冯德培先生诞辰 100 周年。《生理学报》，2007 年第 59 卷第 6 期，第 711–712 页。

在金国章转入神经药理组工作时，正好与张昌绍的研究生在同一个研究组，金国章就此得到张昌绍颇多指点。尤其是张昌绍的一个科学哲理性指点，令金国章长期坚守神经药理领域，不断开拓创新，成就了他的科学事业，最终实现了他的科学梦想。

图 3–8　张昌绍教授
（金国章提供）

张昌绍（1906—1967），浙江嘉定人。1940 年毕业于英国伦敦大学医学院药理系，获哲学博士学位。随后一年在美国哈佛大学医学院访问进修。翌年学成回国，任上海医学院药理学副教授兼中央卫生实验院药理研究室主任。1946 年起担任上海医学院药理学教授兼科室主任。1949 年起任上海医学院（后改为上海第一医学院，现名上海医科大学）教授兼教研室主任；中国生理科学会理事。中华人民共和国成立后，曾任卫生部医学科学委员会副主任，为卫生部主办了数期的全国药理学高师培训班和师资进修班。[①] 二十世纪五十年代初，他受委任负责抗血吸虫药物研究的重点科研项目。丁光生教授曾参加此项目研究工作。

金国章进所时，正赶上张昌绍教授举办“全国药理学培训班”。金国章虽不是培训班的学员，但在丁光生的帮助下，得到了张昌绍教授特殊关照。金国章可以自选每期的讲座、神经药理试验或技术训练。在培训班上，金国章对当时的“带神经支配的兔耳灌注和心肺装置试验，可阐明药物的作用部位和机制”这一新内容觉得非常有趣，想对其进行深入了解。[②] 张昌绍教授就将自己留英时用的《药理学》（*Pharmacology*）教本（1953 年），推荐给他作为学习药理学的参考书。[③]

1956 年夏天，金国章从高血压药物研究组转入神经药理组，跟随胥

---

① 邹冈：怀念卓越的药理学家张昌绍教授。《生理科学进展》，1983 年第 4 卷第 3 期，第 278 页。

② 金国章：张昌绍教授的指点与我的工作理念。见：王卫平：《张昌绍教授诞辰一百周年纪念》。上海：第二军医大学出版社，2006 年，第 30 页。

③ 金国章访谈，上海，2012 年 10 月 18 日。资料存于采集工程数据库。

彬从事延胡索药理研究。这次研究方向的转向让他有了更多接触张昌绍的机会。1955 年 11 月 24 日，中科院上海药物所成立学术委员会，张昌绍成为首届委员会委员，作为药理学科的学术委员，具有培养研究生的任务和指导药物所药理学研究工作的责任。[①] 1956 年，全国首次公开招考研究生，上海药物所邀请张昌绍教授参加招生，张昌绍录取了两名研究生，邹冈[②] 和曾衍霖。曾衍霖被安排在丁光生教授领导的血吸虫病药理实验室，邹冈安排在胥彬负责的神经药理实验室。丁光生和胥彬共同协助张昌绍完成研究生培养任务。[③] 当时，神经药理研究组安置在岳阳路 320 号主楼后面的小楼上，后又搬迁到岳阳路 319 号。而上海医学院与上海药物所在地理位置上仅隔一条肇嘉浜路。张昌绍教授常来小楼指导研究生邹冈的研究工作，同在一栋办公楼的金国章因此常有机会见到张昌绍，也有了更多向他请教学习的机会。[④] 1957—1964 年，张昌绍担任《生理学报》副主编，负责药理学的评审和定稿。金国章与胥彬完成的系列研究工作成果“延胡索的药理研究：Ⅰ—XⅢ”，以及不少综述都发表在此刊上。张昌绍曾为他们所在的工作提出不少好建议和评论。

科研工作中的两次亲身经历，令金国章为张昌绍高瞻远瞩的科学思想、实事求是的科研作风所深深折服。

金国章与胥彬教授在赵承嘏所长工作的基础上，进行延胡索镇痛作用的构效关系研究，证实延胡索乙素是其中的主要有效成分，有镇痛作用，符合中医的传统记载。对其作用机制的研究后，又证明延胡索乙素具有催眠性镇痛作用，不同于吗啡类型药，且具有安定作用特点（1960—

---

① 陈凯先：深切怀念我们的学术委员——张昌绍先生。见：王卫平:《张昌绍教授诞辰一百周年纪念》。上海：第二军医大学出版社，2006 年，第 28 页。

② 邹冈（1932-1999）神经药理学家，上海人。1954 年上海第一医学院医疗系毕业。1961 年中国科学院药物研究所研究生毕业。中国科学院上海药物研究所研究员。与张昌绍教授共同研究证明吗啡镇痛的有效作用部位是第三脑室和大脑导水管周围中央灰质，受到国际重视并被证实，被誉为吗啡作用机理研究的“里程碑”。

③ 胥彬：回忆张昌绍先生的光辉形象。见：王卫平:《张昌绍教授诞辰一百周年纪念》。上海：第二军医大学出版社，2006 年，第 40-41 页。

④ 金国章：张昌绍教授的指点与我的工作理念。见：王卫平:《张昌绍教授诞辰一百周年纪念》。上海：第二军医大学出版社，2006 年，第 30-31 页。

1964年）。二十世纪六十年代，安定作用研究是神经药理学领域的研究前沿。当时具有安定作用的药物，在国际上只有氯丙嗪和利血平两种类型的化合物。后者的作用机制已被证明为选择性的单胺囊泡排空剂，而氯丙嗪则不是。张昌绍发表过利血平作用机制的综述文章。虽然氯丙嗪的作用机制仍不清楚，但它已成为划时代的抗精神病药物。那么，延胡索乙素安定作用的药理特性究竟是什么？它的前景又如何呢？金国章百思不得其解。一次在与张昌绍研讨时，张昌绍提出一个有关药理学研究的哲理性观点，让困惑中的金国章如饮醍醐：药物作用机制的指导作用，往往会超过具体药物，影响面更大，时间更持久，作用意义更深远。金国章在一生科研生涯中秉持这个哲理。这个科学哲理指导金国章确定了延胡索乙素它既不是氯丙嗪类型，也不属于利血平类型，而是具有安定作用的第三种化学类型物。在日后工作中，这个科学哲理让金国章逐渐形成了自己的科研工作理念，即科学研究既要“知其然，还要知其所以然”。①

另一次是金国章在延胡索乙素的镇痛成果鉴定会上的经历，这次经历给金国章上了一次生动的“求是”课。1964年，延胡索乙素的镇痛作用有了研究结果时，中国科学院与卫生部、化工部联合组成进行成果鉴定。会上，张昌绍等专家指出：延胡索乙素的镇痛作用资料较完整，可作为镇痛药物的鉴定，符合中医用药的经验，但需要补充大动物的成瘾性试验，限期上报卫生部。会议上，张昌绍认可了延胡索乙素的安定作用是新发现的药理特性，可列入成果。分清了研究成果与药品的概念。同时，也明确指出动物成瘾性不能靠逻辑推理来说明，必须要补做动物实验，以实验数据来说明问题。正是他这种对待药品的严肃科学态度，提高了金国章对药品安全性的认识。在后续的补充动物成瘾性试验的方案和研究结果的情况，金国章都主动及时向张昌绍汇报进展，请教问题。补充试验的成果总结性论文也经张昌绍审阅后，他对研究结论感到十分满意，亲自写下批阅意见，说明这项工作研究结论可靠，可上报卫生部。这充分体现出张昌绍对药物研究工作、对国家的强烈责任心。由于国内政治风声鹤唳，时局动荡

① 王卫平:《张昌绍教授诞辰一百周年纪念》。上海：第二军医大学出版社，2006年11月，第1–6页。

不安，该研究文直到1978年才在《生理学报》上发表。遗憾的是，文章发表之时，张昌绍教授已仙逝。

金国章一直对张昌绍心存感念，2006年张昌绍诞辰一百周年之际，金国章与胥彬商议后，主动与上海医学院联系，积极筹备相关纪念活动。并协同主编《张昌绍教授诞辰一百周年纪念册》，以表达对张昌绍的缅怀之情和敬意。①

① 王卫平、金国章主编:《张昌绍教授诞辰一百周年纪念》。上海：第二军医大学出版社，2006年11月，第1-6页，40-41页。

第四章
曲径通幽

转研神经药理

1956 年是金国章人生之路发生重要转折的一年。这一年夏天，金国章主动申请从高血压药理组转入神经药理组。[①] 当时胥彬领导的神经药理室，正缺药理学学科背景和具有较好研究工作经验的青年科研人员。接受过各类学术讲座熏陶，对神经药理学研究向往已久的金国章认识到这次机会难得。但彼时，他正跟随丁光生从事抗高血压药物的药理研究。要向丁光生提出去神经药理组工作的想法，金国章感到难以启齿。左思右想之后，他最终鼓足勇气向丁光生表达了自己的研究意向。意想不到的是，丁光生不但欣然同意了他的请求，而且还鼓励他要在新的领域里有所建树。金国章紧张的心情顿时得以释怀。胥彬自是非常高兴地接纳了他。两位开明达理

① 胥彬：回忆药理室建立和发展的一些情况。见：中国科学院上海药物研究所编：《继往开来，再创辉煌：中国科学院上海药物研究所七十年光辉历程（1932–2002）》，2002 年，第 19 页。内部资料。

的老师促成了金国章人生道路上最重要的研究领域转向。[①] 胥彬也成为金国章神经药理研究领域的引路人。

胥彬（1928— ），江苏省盐城尚庄人。肿瘤药理学家，神经药理学家。我国肿瘤药理学学科的带头人和开拓者之一。[②] 1949 年毕业于山东医学院。1955 年获苏联列宁格勒第一医学院副博士学位。曾师从苏联医学科学院院士、第一任苏联药理研究所所长、享有盛名的神经药理学家查库硕夫。[③] 查库硕夫教授擅长镇痛研究，当时，他本人对新合成的化合物普罗梅多尔（promedokum）兴趣很浓，于是阐明该化合物的药理作用便成为胥彬攻读学位时的主要研究课题。胥彬求学期间曾以优异的成绩，被推荐出席 1954 年全苏第八届生理科学大会并做主题报告，这次报告让胥彬在神经药理学界崭露头角。为了提高上海药物所药理研究能力与工作水平，1955 年 8 月，赵承嘏引进了留苏学成归国的胥彬，负责筹建神经药理研究实验室。胥彬的到来，填补了我国神经药理研究空白，也为金国章学术人生从抗高血压治疗药物研究转向神经药理研究创造了条件。1960 年 7 月药理研究室宣告正式成立时，副研究员的他被上级领导任命为研究室副主任（主任空缺）。1972 年晋升研究室主任。1979 年聘为中国科学院药物研究所研究员，在国内较早开展神经药理和肿瘤药理的研究。由他负责研究的延胡索乙素（颅痛定）、加兰他敏 1964 年获全国新产品科技成果奖二等奖。又直接指导和参加抗肿瘤药物的研究，筛选各种化合物和中草药二千余种，已在临床试用并鉴定投产的有十多种药物。其中，有三种中药被载入中国药典，四种被列入我国常用抗癌药。1991 年获得国务院颁发的科学研究有突出贡献科学家证书。[④]

金国章转入神经药理研究组工作不久，就受胥彬委托，到赵所长的办

---

① 金国章访谈，2012 年 10 月 18 日；胥彬访谈，2012 年 10 月 9 日；丁光生访谈，2012 年 7 月 17 日，上海。资料存于采集工程数据库。

② 胥彬简介。见：中国科学院上海药物研究所编：《胥彬 80 华诞选集》。2007 年，第 25 页。内部资料。

③ 胥彬访谈，上海，2012 年 10 月 9 日。资料存于采集工程数据库。

④ 胥彬简介。见：中国科学院上海药物研究所编：《胥彬 80 华诞选集》。2007 年，第 25 页。内部资料。金国章访谈，上海，2012 年 10 月 18 日。资料存于采集工程数据库。

公室取被赵承嘏精心保存二十多年的延胡索结晶体，用于药理试验。因为赵承嘏认为胥彬在国外受过系统的神经药理学训练，具有独当一面的能力，他希望胥彬带领组员对延胡索的镇痛作用开展系统深入的研究。[①] 迄今，金国章还记得取晶体的那一幕。当时，赵所长对金国章再三叮嘱道："要妥善保管留下来的样品，这些样品中以'延胡索乙素'的样品最多，但也仅此而已。希望当心、仔细试验，以期获得好的结果。"[②] 赵所长这番谆谆告诫，令金国章顿感自身研究工作责任非常重大，使命无上光荣。

1955年12月，在中科院主持召开的抗生素国际学术会议[③]上，不少专家提出应由中国科学院带头在肿瘤治疗方面开展研究。[④] 1956年，上海药物研究所明确把"抗肿瘤药物的研究"作为主要研究工作，由胥彬负责。此后，胥彬身兼两职，既要负责神经药理实验室的工作，又要筹建抗肿瘤药物实验室，这在客观上为金国章研究"延胡索"创造了自由发展的空间。

在胥彬的指导下，金国章对延胡索甲、乙、丑等晶体进行药理研究，他们的研究成果经国家有关部门批准，在比利时的《国际药理学杂志》上发表，让世界知道延胡索乙素是当时有安定作用的三种药物之一。这也是金国章发表的第一篇英文论文。在当时的情况下，胥彬凭借着过硬的语言功底

图4-1 金国章与胥彬（左）在做实验（1959年。金国章提供）

① 胥彬，回忆药理室建立和发展的一些情况。见：中国科学院上海药物研究所编：《继往开来，再创辉煌：中国科学院上海药物研究所七十年光辉历程（1932-2002）》，2002年，第19页。内部资料。

② 金国章：诠释：一个新现象发现的故事我的科学人生和趣事。见：中国科学院上海药物研究所编：《金国章院士八十华诞纪念画册》，2009年，第15页。内部资料。

③ 中国科学院抗生素学术会议。《新华日报索引》，1955年12月25日。

④ 胥彬访谈，上海，2012年10月9日。资料存于采集工程数据库。

和他们出色的研究成果，争取到国际著名生理药理学家 Heymans 教授来华学术访问并到实验室参观。金国章的学术视野在胥彬教授的引导下，也逐渐放眼国际前沿。①

揭开"延胡索"镇痛之谜

众所周知，中药延胡索（*Corydalis*）是著名的镇痛中药，从《雷公炮炙论》，以及李时珍的《本草纲目》均有详细生动阐述。据《本草纲目》记载，延胡索原名玄胡索。为避宋真宗讳，改玄为延。李时珍说：玄胡索，味苦微辛，气温，入手、足太阴、厥阴四经，能行血中气滞，气中血滞，故专治一身上下诸痛，用之中的，妙不可言。其神奇的药物作用吸引古今群贤不断探索。早在 1826 年，有学者从欧产"延胡索"中提取到三种生物碱，其中球冠素（bulbocapnine）是很著名的生物碱，有学者（Peters）在 1904 年报道了球冠素有僵住作用。1928—1936 年，赵承嘏先后在《中国生理学杂志》发表了六篇化学论文，冠名"中国延胡索之研究"；著名药理学家陈克恢、张昌绍和吕富华教授也先后发表过延胡索药理研究的文章（1937 年、1955 年、1955—1956 年）。②

1925 年，赵承嘏任职北京协和医学院药学系教授时，便开始系统研究中药的化学组分，涉及神经系统的科研工作有麻黄和延胡索。③ 赵承嘏在极其艰难的工作条件下，坚持科学研究八年（1928—1936），系统分纯"延胡索"十三种生物碱（将其分别命名为延胡索甲、乙、丑和寅等），并

---

① 药物所第一个、第二个五年科研计划工作总结，1958-03-03。存于中国科学院上海药物研究所。金国章访谈，2012 年 10 月 18 日；胥彬访谈，2012 年 10 月 9 日；金国章：胥彬教授和我的情谊及难以忘怀的记忆——祝贺胥彬教授 80 华诞。见：中国科学院上海药物研究所编：《胥彬论文选集》。2008 年，第 8 页。内部资料。上海。资料存于采集工程数据库。

② 金国章：张昌绍教授的指点与我的工作理念。见：《张昌绍教授诞辰一百周年纪念》。上海：第二军医大学出版社，2006 年，第 30 页。

③ 高怡生、朱任宏、谢毓元：我国中草药化学研究的先驱者——赵承嘏教授。《化学通报》，1980 年第 3 期，第 50-53 页。

确定其化学特性和化学结构，因当时条件所限未及深入进行药理研究，但为后人打下了坚实的工作基础，成为植物化学的经典研究之作。1936年，黄鸣龙[①] 证明延胡索素乙的化学结构为四氢巴马汀，但当时对它的药理作用并未进行研究，难以到临床试用[②]。二十世纪三十年代，开展镇痛药理研究在国际上尚属难题，许多学者的研究工作都无法回答“延胡索”镇痛作用中的有效组分究竟是什么，这令赵承嘏深感惋惜。后来，虽然有朱恒壁[③]、汪敬熙[④]、鲁子惠[⑤]、陈克恢等人开展过“延胡索”生物碱的药理研究（1928—1937），但是因受到国外“延胡索”药理研究导向的影响，他们在国产延胡索的药理研究工作中发现“延胡索乙素”“丑素”均能引起动物的肌肉出现强直的僵住现象时，就认为它们无实际的应用价值而放弃继续研究。这些有误导性的研究结论被国外科学资料所引载，还被编入由学者 A.K. Raynold（1957）所著的书中，致使“延胡索”止痛的中医用药经验被忽视，也无人针对其镇痛作用再进行研究。1937—1945 年，赵

---

① 黄鸣龙（1898–1979），江苏扬州人，有机化学家。1924年获德国柏林大学哲学博士学位，1955年被选聘为中国科学院院士（学部委员），1979年7月1日逝世。他毕生致力于有机化学的研究，特别是甾体化合物的合成研究，为我国有机化学的发展和甾体药物工业的建立以及科技人才的培养做出了突出贡献。

② 金国章：镇痛镇静新药延胡索乙素。见：中国科学院上海药物研究所编：《金国章论文与综述选集（1956–1980）》。第4页。内部资料。

③ 朱恒壁（1890–1987），江苏阜宁人。1916年毕业于中国哈佛医学校。1918年赴美国哈佛大学进修病理学，1923年又赴美西余大学进修药理学。回国后历任湘雅医学院、北京协和医学院药理学副教授，上海医学院教授院长，浙江医科大学药学系主任，全国数学药理委员会名誉主任委员等，是中国近代药理学的先驱之一。中国科学技术协会编:《中国科学技术专家传略·医学编·药学》卷1。北京：中国科学技术出版社，1996年，第29页。

④ 汪敬熙（1893–1968），浙江杭州人。中国现代生理学家、心理学家。1919年毕业于北京大学，1923年获美国约翰斯·霍布金斯大学哲学博士学位。1924年回国任中山大学心理学教授，1929年在中山大学任心理学教授时，建立了我国最早的神经生理学实验室。1931年在北京大学任心理学教授。1934年起任国立中央研究院心理研究所所长。1948年任联合国科学部主任。1953–1968年任美国约翰斯·霍布金斯大学和威斯康星大学教授，直至1968年6月30日去世，是我国心理科学主要开拓人之一。张人骏，朱永新:《心理学人物辞典》，天津：天津人民出版社，1986年，第126页。

⑤ 鲁子惠（1899–2000），1930年于中山大学心理系毕业，河南省开封市人。曾和汪敬熙创建了我国第一个神经生理学实验室。所撰写的《猫的解剖》一书，是我国仅有的这类参考书。我国神经解剖学教学及研究的中坚力量。参见：鲁子惠先生生平简介。《中国神经科学杂志》，2000年第16卷第2期，第183–184页。

承嘏只能将从“延胡索”中分离所得的珍贵的生物碱精心保存了近二十年。[①] 1949 年后，赵一给小白鼠腹腔注射延胡索素甲和丑，用热板法证明有镇痛作用[②]。吕富华[③]等将延胡索的生药制剂给小白鼠口服，用电刺法证实了镇痛效能，并就延胡索几个剂型的止痛作用进行了比较研究。[④] 但，他们对于“延胡索”中含量最多的生物碱“延胡索乙素”的镇痛作用也都未进行研究。[⑤]

金国章在接受“延胡索乙素”镇痛作用研究任务后，多方查阅文献，在资料收集、整理、阅读过程中，他不停自问：“同一药物对不同性质的疼痛有不同的镇痛效果，所以有必要用多种试验方法来论证同一药物的镇痛效能”。这镇痛的药理作用究竟是什么？赵承嘏从延胡索中分离得到的十三种生物碱，究竟哪一个是镇痛的有效成分？各种不同生物碱的作用效能又相差多少？[⑥] 为了解开这些疑问，金国章和胥彬采用相应的动物试验方法——光热刺激法、电总和刺激法（可区分作用强度），以吗啡作为对照物，分别用家兔和大鼠试验了延胡索甲、乙、丑的镇痛效能（有效剂量）。比较了三者的毒性（致死量），最终通过镇痛指数（有效剂量与致死量的比例）得出结论：“延胡索乙素”的镇痛效能最高。

金国章与同仁经过多次试验证实，小剂量时，动物先出现明显的全身肌肉松弛和镇静的状态，增大剂量才有可能出现类似僵住现象。1957 年，金国章在《生理学报》上正式发表了延胡索药理研究系列论文（共十三篇）的第一篇文章，这也是他在神经药理学研究领域的处女作。但明确

---

① 金国章：第一任所长赵承嘏院士对神经药物的贡献及其后效应。中国科学院上海药物研究所建所八十周年庆网站，2012-07-04。

② 赵一：汉防已延胡索等实验成分的镇痛作用。《中华医学杂志》，1955 年第 41 卷，第 931-935 页。

③ 吕富华（1907-2004），山东黄县（今龙口）人，药理学家和医学教育家。1932 年毕业于同济大学医学院。1933 年留学德国，1934 年获弗赖堡大学医学院医学博士学位。后从事药理学研究工作。1936 年回国，任同济大学医学院、上海国防医学院教授。建国后，历任武汉医学院教授、药理学教研室主任，中国生理科学会湖北省分会理事长，中国药学会药理学会副主任委员。

④ 吕富华等：延胡索的止痛作用。《中华医学杂志》，1955 年第 41 卷，第 928-930 页。吕富华等：延胡索几个制型止痛作用的比较。《中华医学杂志》，1956 年第 42 卷，第 518-519 页。

⑤ 金国章：《中药延胡索研究中的新发现》。上海：上海科学技术出版社，2001 年，第 16 页。

⑥ 中国科学院上海药物所编：《金国章论文选集》，2012 年。内部资料。

"延胡索乙素"镇痛效能高只是完成了药品开发中"万里长征"第一步，还需要与吗啡比较其耐药性。于是，他们选用"延胡索乙素"和"丑素"对大鼠进行耐药性试验，结果表明它们不容易产生耐药性，其药效产生速度仅为吗啡的一半。后来的动物毒性试验也表明，两者比其他镇痛药的安全性好，尤以"乙素"为佳。

但是，延胡索乙素镇痛效能的总含量很低，要推广到临床应用，还亟待解决药源问题。机遇总是垂青于有准备的人。大家正为药源问题所困之际，第二军医大学药学系在广西发现有大量黄藤植物，其中富含"巴马汀"（Palmatine），却不知如何"物尽其用"（1958 年）。这时，他们与药物所的朱任宏研究员[①]开展合作。朱任宏是赵承嘏所长的学生，他在无人赏识的中草药黄藤中提取到高含量的巴马汀，并将它氢化成四氢巴马汀（"延胡索乙素"的化学名）。从而，顺利解决了"延胡索乙素"临床前试验和临床应用所需的药源问题。

1959 年 5 月，经与上海第一医学院和第二军医大学附属的五个医院协作，临床上试用 835 余病例，证实了"延胡索乙素"具有良好的镇痛效能，镇痛以内脏钝痛的缓解效果较好，副作用小，安全度大，对产后子宫收缩痛、痛经、临产止痛以及内科均可应用。[②]

图 4-2 神经药理组成员在岳阳路 320 号与进修人员合影（1964 年。前右一金国章，后右四胥彬。金国章提供）

历时一年的"延胡

① 朱任宏（1900-1998），植物化学家。广东兴宁人。1924 年毕业于南京高等师范数理化部。1949 年前曾任北平研究院药物研究所助理员、中央研究院化学所副研究员。后任中国科学院上海药物研究所研究员。中国科学技术协会编：《中国科学技术专家传略·医学编·药学》卷 1，北京：中国科学技术出版社，1996 年，第 127 页。

② 延胡索的研究——延胡索乙素鉴定资料（资料十三），K-2-10-H-01-02（Y-03-04）。存于中国科学院上海药物研究所。

索乙素”临床试验不仅获得满意的结果[①]，而且还有意外收获。在实验研究及临床试验中，研究人员们均观察到乙素有“嗜睡”的有趣现象，引起金国章特别关注。上海华山医院的临床总结资料中写道“服用者次日清晨感到精神饱满”。这是什么原因引起的？金国章陷入冥思苦想中。他首先考虑“延胡索乙素”对中枢神经系统作用进行研究，并经研究证实“乙素”无麻醉作用而有明显的镇静作用。根据这一药理特点，他又进行了镇静催眠和调整神经功能有关疾病的临床试验。未料到，治疗效果明显，颇受患者欢迎，临床试验又获得满意结果：其镇静催眠的优点是作用快，无不良副反应，可解除精神紧张和调节中枢机能，对早期高血压治疗也有效。[②]

“延胡索乙素”的研究成果被誉为中华人民共和国成立以来，应用现代科学技术研究传统中药成功的第一个神经系统药物，也是科学整理传统中药取得成功的重要范例之一。在多方合作下，这项研究成果有幸成为国庆十周年的献礼。在中国科学院上海分院领导的推荐下，金国章非常荣幸地作为上海市观礼代表团的一员，赴北京参加国庆十周年庆典的观礼系列活动。1959年9月24日下午四点，上海赴京代表团在市人大委员大厦（中山东一路11号）底层后厅，举行国庆观礼代表团全体会员大会。9月30日，在人民大会堂召开国庆十周年庆祝大会，见到了毛泽东等第一代领导人。10月1日，在天安门下观礼台观看阅兵式。10月2日晚八点，在天安门广场举行民间焰火晚会。随后几天，

图 4-3 金国章在北京天安门广场留念（1959年10月1日。金国章提供）

① 药物所研究工作情况介绍提纲，1959-03-04。存于中国科学院上海药物研究所。

② 延胡索的研究——延胡索乙素鉴定资料（资料十三），K-2-10-H-01-02（Y-03-04）。存于中国科学院上海药物研究所。

代表团成员一行到工业展览馆、农业展览馆和科技馆参观中华人民共和国成立十周年以来的成就。这次国庆观礼活动是令金国章最引以为自豪的事。如今谈起来那次经历，他仍难以抑制激动之情。至今，他还精心留存着当年参会佩戴的绘有国徽与和平鸽图案的长方形铜质纪念章、各个展览馆的宣传册及由“庆祝中华人民共和国十周年筹备委员会”发给他的焰火晚会邀请函。这次精神嘉奖默默化成为他工作的原动力，坚定了他一生的科研走向，激励他坚定不移地前行，在科研道路上不断开拓创新，锐意进取。①

研制成功“颅痛定”

1960 年 7 月 4 日，中国科学院药物研究所药理研究室正式成立（1970 年后才加上海二字）。当时，药理室有四大任务，即防治血吸虫病、治疗高血压药、神经系统药及抗肿瘤药的药理研究。前两项任务由丁光生负责，后两项任务则由胥彬负责。工作发展迅速，人员增加和流动也很快，陆续增加八名研究人员，十三名技术人员。专职政工委员是潘加林同志，后任职专职支部书记，为药理室的建设做了大量工作。②

“大跃进”的政治运动狂澜冲击到了中国社会的各个角落，中国科学院的研究所也不能幸免。虽然，金国章也受到冲击，但他仍坚定不移地静心于“延胡索乙素”药理作用研究。他通过体内代谢研究证明“延胡索乙素”在消化道中容易被吸收，并能通过血脑屏障进入脑组织，产生药理作用；证明“延胡索乙素”与常用催眠剂“巴比妥”以及“利血平”等均有所不同。在取得“延胡索乙素”研究的阶段性成果后，该项目的合作团队

① 金国章访谈，2013 年 10 月 18 日，上海。资料存于采集工程数据库。

② 胥彬：回忆药理室建立和发展的一些情况。见：中国科学院上海药物研究所编：《继往开来，再创辉煌：中国科学院上海药物研究所七十年光辉历程（1932–2002）》。2002年，第19–20页。内部资料。

图 4-4　中国科学院上海药物研究所药理研究室成立纪念（1960 年 7 月 4 日。第二排左起：赵国举、王孝路、刘菊芳、凌秀珍、李晓玉、朱巧贞、周金煦、丁光生、胥彬、潘加林、陈维州、梁猷毅、金国章、翟世康、杜元华。丁光生提供）

分别系统整理“延胡索乙素”的提取制备研究方法、药理作用研究结果以及临床研究结果三部分的资料，汇总后以待专家鉴定。1964 年 5 月 25—26 日，由中国科学院与化工部、卫生部及上海市科委共同组织有关单位和专家成立的鉴定委员会，在上海专门召开了“延胡索乙素”的鉴定会。中国科学院数学物理化学部学部委员（即后来的院士）汪猷任鉴定委员会主任委员，主持了这次会议，另有二十四个单位的四十二位代表参加了大会，二十六位鉴定委员中有张昌绍、黄鸣龙①、张沅昌②、姜春华③、赵承

① 黄鸣龙（1898–1979），江苏扬州人，有机化学家。1924 年获德国柏林大学哲学博士学位，1955 年被选聘为中国科学院学部委员（院士）。他毕生致力于有机化学的研究，特别是甾体化合物的合成研究，为我国有机化学的发展和甾体药物工业的建立以及科技人才的培养做出了突出贡献。

② 张沅昌（1913–1980），上海市人，神经病学家。1939 年毕业于上海医学院。1947 年留学英国。1950 年回国。历任上海第一医学院教授、神经病学研究所所长。参见：汪无级：神经病学家张沅昌教授。《中国神经科学杂志》，2002 年第 3 期第 657 页。

③ 姜春华（1908–1992），江苏南通人。父业医，秉承家学，曾问业于沪上名医陆渊雷先生，新中国成立前曾执教于由余无言主办的中医专科学校，时逸人主办的复兴中医学校，朱小南主办的新中国医学院。新中国成立后任教于上海第一医学院。在中医理论研究、临床、医史诸方面均有建树。张云鹏主编：《中国百年百名中医临床家丛书·姜春华》。北京：中国中医药出版社，2002 年，第 1 页。

椒等多位知名科学家。会上，胥彬作为研究项目负责人介绍了“延胡索乙素”的药理作用研究工作情况，专家们肯定了“延胡索乙素”镇痛、镇静催眠作用的科学性和学术价值。其成药颅痛定在当年（1964 年）正式成为药品，获得国家新产品奖二等奖。[①] 1977 年正式列入《中华人民共和国药典》中的镇痛剂，嗣后载入 1985—2010 年国家药典诸版本（共计六版）中。该药在临床应用将近五十年，经受住时间的考验，成为中药现代化研究的经典范例之一。

“延胡索乙素”（消旋四氢巴马汀，*dl*–THP）是延胡索最有效的成分，药名为颅痛定（即左旋四氢巴马汀，*l*–THP）它的药理作用比消旋四氢巴马汀 *dl*–THP 更有效。这项科学研究成果对神经药理学教学也产生了深远影响。1962 年，张昌绍教授和吕富华教授首次将这一研究成果引入他们主编的大学教本《药理学》中后，我国《药理学》全国统编本（《医用药理学》、医学专业用《药理学》、药学专业用《药理学》）及许多地区院校主编的《药理学》教本也相继进行引载（1962—2012 年，约四十多种版本）。[②] 1965 年 2 月 6 日，新华社专门以“中药‘延胡索’中的重要有效成分——‘延胡索乙素’具有镇痛、镇静催眠作用”为题予以报道。[③]

成果鉴定会上，专家们认为“延胡索乙素”这项工作成为药物的基本条件比较完备了，科学性高度可信，并很有意义。但是，作为镇痛药品必须补做成瘾性试验，尽管动物实验、临床验证，均未观察到有成瘾性表现，尽管科学研究证明它们作用与吗啡不相同，但间接证据是不能替代直接证据，必须补充其成瘾性的研究实验工作。于是，1964 年，金国章与同事开始用吗啡做比较进行动物成瘾性试验，历时一年多的时间，获得“延胡索乙素”不具成瘾性的研究结论。这次试验也成为国内最早的镇痛药成

① 中国科学院上海药物研究所编:《主要科技成果选编（1954-1984）》。第 19 页。内部资料。

② 杨世杰:《药理学》（七年制医学）。北京：人民卫生出版社，2001 年，第 270 页。

③ 杨征、金国章等：左旋四氢巴马汀（*l*–THP）的镇痛和抗毒品复吸（relapse）的作用机制。《中国药理通讯》，2008 年第 25 卷第 3 期，第 1 页。Yang Z，等：Edication of *l*–tetrahydropalmatine significantly ameliorates opiate craving and increases the abstinence rate in heroin users：a pilot study。*Acta Pharmacologica Sinica*，2008，29（7）：781–788。

瘾性动物试验。①

在我国药理学界，科学家们都认为“麻黄”（Ephedra sinica）的研究（1920—1930）是我国中药现代化研究的成功范例。在中草药“麻黄”这一植物中，富含麻黄素，它具有与内源性去甲肾上腺素相似的作用，推动了拟交感胺的研究领域，对现代肾上腺素能药理学的发展起了开创作用。②“延胡索乙素”的研究成果问世后（二十世纪六十年代），我国药理学界的前辈科学家周金黄、吕富华均认为，“延胡索乙素”的研究工作是继麻黄素后几十年来很突出的一项工作，是中药化学成分的系统研究中少有的范例。我国著名药理学家金荫昌等人认为，这项研究成果把中医药的实践经验记载与现代科学研究相结合，又提供了一个成功的案例，也是中华人民共和国成立以来，神经药理学界的第一个成功实例。③

“延胡索乙素”在临床试验中表现出来的镇静催眠效能也为安定药的研究开辟了新思路。④ 自从 1952 年法国科学家发现氯丙嗪具有持久性镇静催眠作用，可治疗精神病，被称为安定作用（tranquillizing effect），后又发现利血平的药理作用也相似。“延胡索乙素”成为当时第三类化学结构的药物。当时，安定作用只是研究者发现的表观现象，作用机制尚不清楚。随后，利血平类药物被确证是单胺类神经递质排空药（depletor），不再被列入安定药范围。利血平类药、氯丙嗪和“延胡索乙素”的化学结构存在相似之处，金国章曾将它们进行比较研究，结果发现它们是单胺类（DA、NA、5-HT）物质的排空剂，而结构相似的“延胡索乙素”则不是。他又从脑内诱发电位证明“延胡索乙素”有其自身特点，提出可作为新型中枢抑制药。⑤

1960—1964 年，金国章发现“延胡索乙素”具有明显的“安定作用

① 金国章访谈，上海，2012 年 10 月 18 日。资料存于采集工程数据库。

② 周金黄：在两种医学思想下探索我国药理学的道路。《生理科学进展》，1985 年第 16 卷第 1 期，第 1–5 页。

③ 金荫昌、邹冈、宋汉英等：关于镇痛药的讨论。见：张昌绍、丁光生、胥彬等：《药理学进展》。上海：上海科学技术出版社，1962 年，第 240 页。

④ 上海市科学技术论文编选委员会：《上海市科学技术论文选集》，VI，医药分册。上海：上海科学技术出版社。1960 年，第 277–289 页。

⑤ 金国章、李扬：《金国章院士集》。北京：人民军医出版社。2015 年，第 17 页。

(ttranquillizing effect)”。这一发现超越了中医药文献所有的记载，也超越了麻醉性镇痛剂吗啡的药理作用范畴。它的核心药理学特性是什么？它的创新性前景如何？金国章陷入了深深困惑中。这时，张昌绍那一席哲理性观点“药物作用机制的指导作用，往往会超过具体药物，影响面更大，时间更持久，作用意义更深远”，令金国章醍醐灌顶[①]，也让迷茫中的金国章坚定了深入探究“延胡索乙素”安定作用药理机制的信念。[②]

1964年，药物所领导决定将金国章调入第五研究室，从事“6003”国防科研任务。由于需要按照“延胡索乙素”鉴定会的专家要求，开展“延胡索乙素”研究需要补做动物成瘾性试验。经过协调，领导们同意金国章完成“延胡索乙素”动物成瘾性试验工作后再到第五研究室工作。于是，他首先参考国外文献，着重以“延胡索乙素”本身的药理作用特性为依据，开展研究工作。先后采用平行试验、交叉试验及小鼠竖尾反应模型进行试验，都未发现“延胡索乙素”有成瘾性表现。最后，金国章将成瘾性试验的结果整理成为“延胡索药理研究”系列论文的第十三篇文章。但因“文化大革命”时期，报刊出版暂停，此文正式发表已是1978年7月。[③]

---

① 金国章：张昌绍教授的指点与我的工作理念。见：王卫平、金国章主编：《张昌绍教授诞辰一百周年纪念》。上海：第二军医大学出版社，2006年，第30页。

② 金国章访谈，上海，2012年11月27日。资料存于采集工程数据库。

③ 金国章、王月娥、张振德、胥彬：延胡索的药理研究XⅢ，延胡索乙素对动物成瘾性的试验。《生理学报》，1978年第30卷第1期，第67–74页。

第五章
不忘初心

投身于国防任务

图 5-1 在上海药物所工作的金国章（1964 年。金国章提供）

1964 年完成延胡索药理的成瘾性试验后，金国章以大局为重，服从国家和组织安排，放下十分喜欢的“延胡索乙素”安定作用机制研究工作，毅然投身于国防科研任务中。

药物所承接国防科研项目任务始于二十世纪五十年代末，由朱应麒负责组建国防科研项目组——第五研究组，抽调化学合成及药理工作科研人员参加工作，着手采购仪器，装修实验室。[①] 1960 年 7 月药物所按照学科分布，成立合成、植化、药理和抗生素四个研究室时，由于军

① 池志强：五室国防任务前后。见：中国科学院上海药物研究所编:《继往开来，再创辉煌：中国科学院上海药物研究所七十年光辉历程（1932-2002）》，2002 年，第 33 页。内部资料。

工人员相对较少，只组建了第五研究组，而不称为研究室。由朱应麒担任副组长，组长暂时空缺。① 为了完成国防科研任务，第五研究组先后从合成室、植化室、药理室、天津南开大学抽调人，至 1963 年 4 月研究组人员由原来七八人增至三十余人。因工作发展所需，药物所向华东分院领导申请第五研究组更名为“第五研究室”。池志强任第一副主任，朱应麒任第二副主任（根据当时实施的科技七十二条规定，副研究员只能当研究室副主任）。② 同年 9 月，分院批复同意“池志强、朱应麒同志任中国科学院药物研究所第五研究室副主任”。③

1964 年 3 月，中科院药物所（尚未加上海两字）收到机密文件编号科特047的文件，文件名为“1963—1972科学技术发展规划研究任务通知书”（现已解密），④ 遂启动国防研究任务工作。在 1968 年 4 月 16 日的中科院药物所向院革命委员会上报国防任务登记表中，登记在册的有“6003”任务、疟疾防治药物的研究、丙种射线所致放射病药物预防药物的研究等五项。⑤ 这是现有所有解密档案材料中首次出现该任务名称。同年 6 月，在中科院药物所 1968 年科研计划简表中，五个国防任务中除了“6003”任务外，其他任务都分别对最新研究成果和进度进行了简要汇报。在“6003”任务的汇报表里，在“简要内容及进行”栏目下填写的内容仅有十个字：“根据与 621 部队协议进行”。备注栏中记录的文章对任务的性质和汇报方式做了说明：“本任务为绝密任务，根据规定内容不作书面记录。本任务由国防科委下达的任务委托书”。⑥ 为方便工作，所内项目命名 694。这是一项难度大、要求高、资料少、保密性强的尖端军工任务。“6003”任务

① 嵇汝运：药物所回顾。见：中国科学院上海药物研究所编:《继往开来，再创辉煌：中国科学院上海药物研究所七十年光辉历程（1932-2002）》，2002 年，第 5 页。内部资料。

② 为建立第五研究室及任命室主任等事，D143-00064-003-001。存于中国科学院上海药物研究所。

③ 同意池志强等人任室副主任，D143-00064-003-002。存于中国科学院上海药物研究所。

④ 63-72 年科学技术发展规划：各种防护药物的研究事，D143-00095-001。存于中国科学院上海药物研究所。

⑤ 报国防任务登记表，D143-00113-002。存于中国科学院上海药物研究所。

⑥ 中国科学院药物研究所 1968 年科研计划（国防任务部分），D143-00113-003。存于中国科学院上海药物研究所。

下设有化学组和药理组。第五研究室第二副主任朱应麒兼任化学组组长，金国章任药理组组长，一起工作的人有金文桥、黄忠明等人，1965 年邓继青入所，也加入到此任务工作中。

初次接触国防科研工作，金国章心中难免有些紧张和忐忑。在研究任务基本清晰后，他很快进入了研究工作的角色，并为自己提出了两条要求：第一，是严格遵守研究室的保密制度，不与他人（包括家庭成员）交谈自己的工作内容；第二，按照项目主管单位的任务书要求，想方设法进行科学研究，获得满意的试验结果。金国章的任务是负责药理试验，提出筛选药物的方向，设计神经药理部分研究具体方案。① 1964 年，他与朱应麒教授曾专门为“6003”任务出差北京，听取上级领导阐述“6003”任务的要求。金国章从中明确了工作的关键要点和绝对保密要求。在当时相关文献国外都很保密，其他资料全无的情况下，他们只能根据部队提出的工作要求，推测美国所试验的东西可能是具有某种作用的化合物。他们立即开始资料调研，金国章还专门去北京有关图书馆查阅有关文献参考资料。返沪后，金国章经过深思熟虑，大智大勇地提出可行性试验方案。此方案在征得池志强、朱应麒的理解和支持后予以实施。这是一个既简单又行之有效的药物筛选方案：给实验犬注射相应化合物试剂，试验犬如果经注射后不能跳过一定高度的障碍物就证明该化合物有效，符合任务要求。此方法一经提出就得到赞同。② 于是，朱应麒一组负责合成化合物，金国章一组负责进行药理试验，两组人员默契配合，先后发现几种化合物在大动物上的作用接近“6003”任务的要求。1965 年底，上海药物所向国防科委汇报了研究进展，得到了肯定和鼓励。③

1966 年，“6003”任务领导小组根据上级“先吃饱，再吃好”的指示，决定协作组的工作重点定为三个方面，概括地说就是三个字：“挑”“改”“找”。所谓“挑”就是在以前研究的基础上，深入评价几种有

---

① 第五研究室 1972 年科研总结——药物所 1972 年科研项目执行情况、工作总结，1972-04-02。存于中国科学院上海药物研究所。

② 为国防任务“6003”献青春，2016-01-06。存于中国科学院上海药物研究所信息中心。

③ 戴志强、吴慧、陈洁：《神乎其经：池志强传》。中国科学技术出版社，2017 年，第 85 页。

希望的药物，挑出一两个基本符合指标的药物供试用。这项工作要求在8月底前完成，由上海药物所承担主要的实验评价工作。第二项“改”就是对已知有效药物的结构进行改造，提供更多有潜在价值化合物供筛选。第三项“找”就是尽可能在其他类型化合物中探索新的方向，寻找性能更优的具有不同特点的药物。为了贯彻落实“挑”“改”“找”的三字要求，实验室挂出了“发扬艰苦奋斗、奋发图强、自力更生精神，向‘五一’献礼”的标语。在室领导的带领下，金国章与化学组同志密切配合，发扬艰苦奋斗、自力更生精神，克服了实验条件差、技术设备少的困难，在短短数月内，攻克了筛选评价药物模型关，建立了静态汽化实验装置，并找到有效化合物，填补了我国的空白。1966年底，“6003”任务组如期提供了基本符合技术指标的化合物——B6502。为了进一步掌握B6502的野外试验数据，又分别于1967年9月和1968年7月两次派出科研人员奔赴东北某科研基地进行综合性野外试验，在实战现场收集第一手资料。①

“6003”研究成果得到上级部门的多次表彰，受到各级领导的关注。中国科学院党组书记、副院长张劲夫和上海市副市长、市委副书记宋日昌分别于1965年10月和1966年3月来所视察项目工作，在临时搭建的模拟现场观看了实验表演。领导们对他们的出色工作给予高度赞扬和鼓励。②

1968年，金国章受到“文化大革命”冲击没有再参加“6003”项目。1969年2月，“6003”项目协作已处于松散状态。当时要求广大科技人员分期分批去接受工农兵再教育，工作人员介绍信也无法开出，药物所曾去专函协作单位反映以上情况并协商下一步工作。③1969年5月举行“6003”任务学习班，7月中旬开碰头会研究，与236部队协作开始承担芬太尼的镇痛研究。1970年元月，总字621部队因体制变动，“6003”任务划归中国人民解放军总字823部队协作开展④。1972年，第五室完成A类、B类

① 《神乎其经：池志强传》，第86页。

② 金文桥：开拓创新的榜样——贺老金八十华诞。见：中国科学院上海药物研究所编：《金国章纪念画册：汗水机遇理念》。2007年，第51页。内部资料。

③ 为何安排6000任务，D143-00119-002。存于中国科学院上海药物研究所。

④ 工作资料，D143-00119-006。存地同上。

和 F 类化合物合成工作，与总字 823 部队协作定出了在小鼠、家兔和犬筛选常规，筛选 53 个化合物及其他工作[①]。并在这一年，经“823”部队同意，在“军民结合”的原则下，可将原属绝密项目的“6003”任务中研制的某些药物，如军用无意义、民用有所价值，在不泄密的条件下，可经领导批准，转为民用。根据这一原则，有三种药物转为民用。[②] 1978 年 3 月 18—31 日，中共中央、国务院在北京隆重召开了全国科学大会。在这次大会上 6003 产品获全国科技大会奖状（0011989）[③]。1979 年 6 月，药物所接受中国人民解放军 57603 部队委托，签订“6003 任务化合物的化学合成及储备药理评价”任务书，主要开展强效镇静剂的合成及评价，中枢抗 M- 胆碱能药物的合成及评价，建立一些较有实用意义的中枢神经系统药物的筛选模型。[④] 1979 年 10 月，在“报 1980 年军工科研接转项目情况表”中，药物所有两项任务，其中一项是“6003”任务。[⑤] 新任务内容要求 1981 年找到两个有意义的化合物，提供部队进一步研究。此时，“6003”任务已改归总参领导。[⑥]

自选课题有突破

“四清”运动（清思想、清政治、清组织、清经济）期间，药物所神经药理组工作被认为脱离实际需要，邹冈和唐希灿[⑦] 等大部分成员被转

① 1972 年科研生产计划总结表，D143-00160-007-005。存于中国科学院上海药物研究所。

② 第五研究室 1972 年科研工作总结，D143-00160-008。存地同上。

③ 《神乎其经：池志强传》，第 90 页。

④ 国防科研试剂协作任务书：6003 任务化合物额化学合成及初步药理评价，D143-00266-014。存于中国科学院上海药物研究所。

⑤ 报 1980 年军工科研接转项目情况表，D143-00266-009。存于中国科学院上海药物研究所。

⑥ 征求一九八〇年军工科研项目安排意见，D143-00266-010。存地同上。

⑦ 唐希灿（1932-　），广东省潮阳县人，神经药理学家。中国工程院院士。1957 年毕业于北京大学。现任中国科学院上海药物研究所研究员、博士生导师。2001 年当选为中国工程院院士。

到新建的国家急需任务——“计划生育”工作组[1]，金国章也参加“6003”任务。当金国章从国防任务研究室工作归来时，神经药理研究组已解体，金国章成为一个“自由人”。没有人管，自觉的他便自选课题开展中药麻醉作用原理研究，并取得好成果。

二十世纪七十年代，全国各地都在轰轰烈烈开展麻醉研究。麻醉的应用，中国古已有之。东汉末年华佗的“麻沸散”，一个中药复方，内含洋金花、草乌、当归、川芎诸多草药。徐州医学院开创了“中药麻醉”作用机制研究。[2] 徐州医学院“中药麻醉”临床应用是以洋金花为主药，配以氯丙嗪的一种静脉复合麻药，具有许多优点，操作简便，麻醉效果平稳安全，可适用的手术在较广泛探索，手术后可用专一性对抗剂催醒病人，能抢救生命垂危的休克病人。金国章一见复方中含有洋金花，就有了强烈兴趣。因为，洋金花的主要成分是“东莨菪碱”（占其中80%），它的化学结构明确，是M－样胆碱能受体阻滞剂，起到中药麻醉的关键性作用。它是从受体水平阻滞中枢的M胆碱能受体功能，导致记忆丧失，它的中枢抗胆碱能作用比外周强五十倍，有较大的选择性，为中药麻醉提供了一个有利条件。[3]

于是，金国章尝试用神经递质的观点来研究其药物的作用机制。

认识“中药麻醉”

金国章根据植物中“东莨菪碱”含量的多少来调整麻醉剂量，进行动物实验。几年时间后，他获得的研究结果表明“麻沸散”的主要作用来自“东莨菪碱”，临床试验也证明这一点。此外，东莨菪碱麻醉使人的意识丧失后，可用胆碱脂酶的抑制剂毒扁豆碱或用新斯的明，使乙酰胆碱增加，翻转意识丧失，医学上称之催醒。但中药麻醉有其局限性，给药后，肌肉

① 关于下达1972－1973年上海市避孕药科学研究计划的通知，1972－04－004。存于中国科学院上海药物研究所。

② 徐州医学院附属医院编：《中药麻醉》。北京：人民卫生出版社，1971年，第6－14页。

③ 金国章访谈，上海，2013年10月。资料存于采集工程数据库。

不放松，外科手术不方便。金国章回忆说：

> 虽然由于肌松作用不够满意，临床应用未能坚持下去，但是科学问题的发展和应用，可能会在其他方面得到收获。后来，应上海西郊动物园的要求，我根据中麻的作用原理，提出方剂，捕获大型野生动物获得成功，也是一件好事情。①

探索中药麻醉作用与神经递质的关系

既然“中药麻醉”的主要有效成分是“东莨菪碱”，它为什么有麻醉作用？而此时临床上也很需要阐明“中药麻醉”的作用机制。

金国章抓住机遇，参加上海中药麻醉写作组，撰写命名为“中枢化学传递与中药麻醉作用原理的探讨”。② 该文第一次系统阐述中枢胆碱能和单胺类神经递质（去甲肾上腺素，多巴胺，5-羟色胺）及其受体的作用原理，也向国内同行介绍了神经递质与受体功能关系。随后，他应有关单位的邀请，撰写了“谈谈中药麻醉的作用原理”一文。③ 又为济南军区后勤部在徐州举办“中药麻醉学习班”，推广“中药麻醉”的应用。教材是由他自己撰写的《中药麻醉学习班讲义（试用本）》。④

探索东莨菪碱作用机制问题

“东莨菪碱”是中枢 M- 胆碱能受体阻滞剂，能抑制人们的意识活动，但有镇痛不全与肌松作用不强等缺点，不能充分满足外科手术的要求。东莨菪碱是否有镇痛作用？当时，临床上试用东莨菪碱治疗晚期肺癌等持久

---

① 金国章访谈，上海，2013 年 10 月。资料存于采集工程数据库。

② 《中药麻醉的临床应用与探讨》编写组:《中枢神经化学递质与中药麻醉作用原理的探讨》。上海：上海人民出版社，1973 年，第 230 页。

③ 金国章：谈谈中药麻醉的作用原理。《中麻通讯》，1975 年第 2 期，第 41 页。

④ 金国章：中麻主药的中枢作用原理。见：济南军区后勤部卫生部编:《中药麻醉学习班讲义（试用本）》。1976 年，第 160-169 页。

性疼痛，有较满意的结果，给药一次缓解疼痛二至五天。其镇痛机理亟待探索研究。[①]

金国章他们应用大鼠光热甩尾法研究发现，“东莨菪碱”镇痛作用的实质是与“中药麻醉”的作用原理相一致，都是由于中枢M-胆碱能受体被阻滞所致，使意识消失，同时又使痛阈升高，以不同的生理功能表现出来。“东莨菪碱”的多方面的药理作用可概括为：①使意识消失，是麻醉状态，成为中药麻醉的作用机理；②兴奋生命中枢，增强呼吸，增快心率，增加血流，可安全进行手术和抢救休克病人；③能改善外周微循环，成为中医活血化瘀的理论，为某些慢性疾病创造治疗条件；④参与免疫反应，以M-胆碱系统调整副交感功能与中枢交感能系统交互平衡。[②]

提出M-胆碱能受体的M_1和M_2亚型

为了进一步发现作用专一、效果更佳的类似物，金国章进一步开展“东莨菪碱”构效关系研究。他与合成室嵇汝运院士、周启霆教授合作，开展受体结合试验[③]。研究结果证明“东莨菪碱”的氧桥（-O-）和α-H是必需的，否则会明显减弱中枢作用，故从其侧链上醇基改成酯类衍生物。实验观察家兔翻正反射（脑室注射）和肌张力减弱、拮抗颤抖素的镇痛作用（M-胆碱能中枢激动作用）和扩瞳表现以及抗僵住症（由氟哌啶醇引起）肌肉运动协调，比较它们的作用情况，从中发现化合物Ⅵ与Ⅶ的中枢作用较强。所有衍生物均能拮抗颤抖素的中枢作用和扩瞳现象。

阿托品也是M-胆碱能受体阻滞剂，其中枢抑制作用比“东莨菪碱”

---

① 金国章等：东莨菪碱镇痛作用的研究。《生理学报》，1984年，第36卷第2期，第149-156页。

② 金国章：中枢样胆碱能系统与中药麻醉。见：中国药理学会编:《药理学进展（1979年）》。北京：人民卫生出版社，1981年，第33-48页。

③ 金国章等：东莨菪碱衍生物的中枢药理研究（简报）。《药学通报》，1980年，第15卷第4期，第181页。

弱十多倍，抗僵住作用要比“东莨菪碱”弱一百倍以上，并有强烈的兴奋躁动，难以用于中药麻醉。[1] 由此，他们大胆设想，脑内 M- 胆碱能受体虽然对意识活动和运动功能均有影响，但是，可能由不同的 M- 胆碱能受体亚型来实现。金国章就假设它为 M_1- 胆碱能专一性影响意识活动和 M_2- 胆碱能专一性影响运动功能，将东莨菪碱作为 M_1 的第一代拮抗剂，而阿托品为 M_2 的第一代拮抗剂，以有利于推动科研工作。[2]

发现N–样胆碱能药物

金国章在这期间还研究了 N- 样胆碱能药物环轮宁（cycleanine），[3] 其结构式与 *d*- 筒箭毒碱相似。这是一种非去极化类型的控制降压药（controlled hypotensive agent），于 1980 年通过鉴定。此类型药物是现代麻醉学中的一种重要方法，特别是血管外科不可缺少的，要求起效快，停药后血压立刻回升，对心率影响小，无严重副作用。环轮宁作用机制是通过阻滞交感神经节和释放组胺，降低心输出量和外周血管阻力，其肌松作用有利降压，可重复用。经由六家医院麻醉师临床应用 309 例，效果颇为满意，并通过学术鉴定。[4] 这为他日后发现脑内海马部位去甲上腺素神经末梢有突触，与 M- 胆碱能受体奠定了研究基础。1985 年，金国章在英国召开的国际胆碱能神经药理学术会议报道了新的研究成果。

---

① Xu Jian、Jin Guo-zhang，等：Central antimuscarinic effects of scopolamine and other cholinergic antagonists。*Acta Pharmacologica Sinica*，1983，4（3）：156-162。

② 金国章：中枢 M- 样胆碱能系统与中药麻醉。《药理学进展》，1979：33-48。

③《上海药物研究所主要科技成果选编》（1954-1984）、（1985-1996）。存于中国科学院上海药物研究所。Jin Guo-zhang，等：Controlled Hypotensive effect of cycleanine dimethobromide。*Chinese Medical Journa*，1984，97（12）：877-884。

④ Jin Guo-zhang、Wu Jue，等：Controllde hypotensive effect of cycleanine dimethobromide。*Chinese Medical Journal*，1984，97（12）：877-884。

国家项目获佳绩

1974年，为解决针刺镇痛机理问题，中科院药物所领导果断决定，重新恢复神经药理研究组，由邹冈、金国章等四名科技人员组成，并着手开始研究工作。

针刺麻醉（简称针麻）来源于针刺镇痛和针灸疗法。我国应用针灸疗法消除或减轻各类疼痛至少也有两千年以上的历史。1973年，在湖南长沙马王堆汉墓出土的两部古灸经《足臂十一脉灸经》和《阴阳十一脉灸经》，经考证约成书于春秋战国时期（公元前六世纪—前二世纪），是现存的最早针灸文献，而应用针刺麻醉进行手术最迟也可追溯到唐代的《集异记》，其中曾记载有我国第一例针刺麻醉手术。针灸可以治疗急性发作的神经性疼痛，也可以治疗由炎症等原因引起的慢性、持续性的疼痛；然而，针麻作用是针对手术性的疼痛，手术性疼痛可以说只属于急性疼痛的范畴。针麻是根据手术部位、病种，按照循经取穴、辩证取穴和局部取穴原则进行针刺，得到麻醉效果后，对患者在清醒状态下施行外科手术的麻醉方法，它具有使用安全、对生理性干扰少、术后恢复快、并发症少、术后伤口疼痛较轻等优点，但尚存在镇痛不全、肌肉松弛不够满意等问题，有待探索解决。①

中华人民共和国的诞生，结束了中医（包括针灸在内）濒临灭绝的悲惨命运。1950年8月，在首都北京召开了第一届全国卫生大会，会议强调“中医必须学习科学的理论，使其经验得以整理”，而“西医必须研究中医的经验……向中医学习”。并确定“团结中西医”的卫生工作原则。在这种良好的合作研究氛围下，二十世纪五十年代初，部分外科医生与针灸医师合作，开展临床试用研究。针灸从单纯的治疗疼痛性疾病，进而叩开现代外科手术大门；从用于手术后止痛成为某些手术中局麻的辅助措施，乃

① 张仁:《中国针刺麻醉发展史》。上海：上海科学技术文献出版社，1989年，第1–4页。

至部分代替术前用药。针刺麻醉的应用在全国各省市医务界中引起强烈反响。1959 年底，全国十二种医学杂志上就发表了三十篇相关文章，构成了针刺麻醉产生的前奏。①

1960 年 6 月至 1961 年 7 月，上海第一结核病院（今改名为上海市肺科医院）和上海市针灸研究所合作，共做针刺麻醉下肺叶切除手术四十二例，成功三十七例。这一工作引起党中央、国际科学委员会和卫生部的重视。上海市卫生局将此列为医学科学院的首要项目。这阶段，针麻在脑肿瘤、胃、子宫切除临床应用中取得成功；同时上海的针刺麻醉研究工作原来也十分活跃。② 1965 年 7 月，在卫生部和上海市有关部门的组织下，集中全市针麻研究力量，成立上海市针刺麻醉协作组，分临床研究组和机制研究组。③ 1966 年初，全国已有十四个省市开展针刺麻醉，并完成 8734 例手术，其中记录完整的有 4197 例。一支包括临床、基础研究和仪器制造的队伍已经形成。通过八年的经验积累，初步总结出了针刺麻醉一些规律。它具有以下优点：病人处于清醒状态，能主动合作，有助于提高手术效果；具有调整手术病人生理功能的作用，对机体扰乱少；适用于不宜用麻醉药物的患者。但是，针刺麻醉还远不是一种成熟的、完备的麻醉技术，它还有一些明显缺陷：取穴多，诱导时间长，费时费力；镇痛不全；患者存在个体差异。④ 为了促进针麻研究工作，1966 年在由国家科委和卫生部联合召开的针刺麻醉研究工作研讨会期间，卫生部部长钱守忠召集国内中西医、生理、生化等学科知名专家进行专题座谈。针对针刺麻醉机制问题，专家们按照矛盾对立统一观点，认为既然有致痛物质，那么也应该存在抗痛物质。专家们设想这样过程是：毫针刺激穴位，在大脑皮层引起兴奋，产生负诱导，其结果使痛觉选择性抑制。此负诱导的机制可能系大脑皮层下中枢（丘脑、下丘脑、网状结构等）释放大量化学物质所致。⑤ 1966 年下半年起，由于一方面受到周恩来总理的亲切关怀和热情支

---

① 张仁:《中国针刺麻醉发展史》。上海：上海科学技术文献出版社，1989 年，第 5–6 页。
② 同①，第 21–22 页。
③ 同①，第 24 页。
④ 同①，第 26–27 页，第 30 页。
⑤ 同①，第 31 页。

持，另一方面又在不断受到"四人帮"的政治干扰，针刺麻醉工作总体在蹒跚中不断推进。1971年党的中央机关刊物《红旗》杂志刊登了分别由上海市针刺麻醉协作组、中国人民解放军总医院、中国人民解放军广州总医院有关针刺麻醉原理的三篇文章。由于是刊登在党中央的理论刊物上，又把原理的研究提到了某种政治高度，在当时造成了巨大影响，全国几乎所有的生理学科（还包括不少其他自然科学学科）都不同程度投入了这方面的研究。

早期参与针刺麻醉机理研究并卓有成效的张香桐教授，在他六十年代提出的镇痛效应产生假说的基础上，与他的助手们通过上百次试验验证。研究结论于1973年在《中国科学》杂志上发表论文，提出感觉相互作用学说，以解释针刺镇痛效果。他们认为，针刺镇痛效应是各种不同感觉相互作用的结果，即针刺穴位引起的感觉信号与痛源部位传入的信号，在中枢神经系统内相互作用，结果导致痛觉信号受到抑制，使疼痛得到缓解。这个学说获得国内外学术界的广泛承认和重视。1980年，研究团队荣获世界茨列休尔德基金会奖金。我国生理学前辈、西安医学院侯宗濂教授于1972年也投身针刺镇痛原理研究，在体针穴位感受器和针刺兴奋的纤维类别特征等研究方面，取得一系列成果，获1978年全国科学大会奖。这一阶段人们对针刺引发的感受器及其神经纤维已有了初步了解，并且大致弄清楚针刺刺激所引起的冲动是通过各级中枢水平（脊髓、延髓、脑干、下丘脑及大脑皮层）来抑制损伤性痛刺激（即手术损失的刺激）的神经冲动，从而达到镇痛作用的。对其中的一些重要部位和核团的作用，有了基本认识，但具体细节还很不清楚。这段时期的研究在广度和深度上比六十年代有一定进展，也令1972年来访的尼克松对针刺麻醉手术赞叹。但全国也存在一哄而上、研究重点不突出、临床结合不够、各自为政、研究结果相互矛盾等问题。有鉴于此，1974年12月2日至1975年1月6日，在西安市举行的"全国针刺麻醉研究专业会议"上，明确了将针刺麻醉工作研究从全面积累向重点深入转移的决定。会议修订了《1975—1980年全国针刺麻醉研究规划（草案）和1975年计划（草案）》：一是设立重点攻关课题；二是集中力量，统一标准，围绕上述攻关课题，组织全国性协作组。制订统一规程，以及比较切实的近期和远期规划。组成十个临床专题协作组，五个原理专题协作组，其中针刺镇痛作用的研究由上海负责，主要任务是深入了解针刺镇痛的中枢通路、中枢结构及有关物质。①

鉴于针麻临床上镇痛不全问题日益尖锐，原理研究工作者不得不把精力集中到针刺镇痛机理专题上来，其他四个专题后来出现分化，有的已经转移到针灸原理的研究上。1974 年，为解决针刺镇痛机理问题，中科院药物研究所领导果断决定，恢复神经药理组，由邹岗、金国章等人组成，开展研究工作。

针刺麻醉研究受到上海市领导的重视，上海卫生局专门设立“针麻办公室”，统管和筹划科研工作，要求药物所参加。经讨论决定，邹冈从脑神经肽入手，金国章从脑内神经递质入手，分别从不同角度开展针刺麻醉作用原理的研究。1975 年 9 月，金国章被指定在卫生局局长何秋澄② 领队下，参加在北京召开的全国性针麻研究的讨论会议。会上，科研人员各抒己见，畅所欲言，讨论热烈，学术气氛浓厚，令金国章十分兴奋。这个项目之所以吸引他的主要原因是：第一，该项目属于神经生理学的研究领域，项目组成员中有长期从事脑内神经生理学研究的张香桐教授和他的研究团队。他们引领着国内神经科学的发展，具有号召力。第二，该项目涉及与针刺镇痛有关的脑内神经肽，尤其是脑啡肽和内啡肽的作用，是国际前沿的神经科学内容。第三，脑内神经递质如何参与针刺镇痛的作用，这是一个新的研究方向。

1974—1978 年间，金国章曾与上海第一医学院针麻研究组、上海市第一结核病防治医院、上海市第一人民医院针麻研究室组成上海神经递质与针刺镇痛协作小组，在中科院上海药物研究所共同进行脑内 5- 羟色胺神经系统的作用关系研究，取得好成绩。他还与中科院上海生理研究所合作，共同研究 5，6- 双羟色胺专一性损毁脑内 5- 羟色胺神经元功能，所

① 张仁：《中国针刺麻醉发展史》。上海：上海科学技术文献出版社，1989 年，第 33 页、35 页、37-38 页、40-42 页。

② 何秋澄（1917-1978），余姚人。1938 年参加新四军。1939 年加入中国共产党。曾任新四军第七师卫生部医政科长、华东军区后勤部卫生部医政处副处长等。中华人民共和国成立后，任上海市卫生局局长。

导致电针镇痛生理功能明显减弱，并与神经生化，荧光组织化学检查结果相一致，这说明支持脑内 5- 羟色胺系统正常生理功能是针刺镇痛的条件。

金国章等人的上述研究成果形成了七篇科研论文，代表作“脑内 5- 羟色胺能神经系统在针刺镇痛中的作用”，① 被选入专著《针灸针麻研究》中。② 这项研究成果成为这一阶段最有成效神经体液物质方面研究工作的重要组成部分之一。通过科学工作者大量的研究工作，终于弄清楚了中枢确实存在两个互相对抗的系统：增强镇痛的系统和削弱镇痛的系统。并初步找到了两类对抗的中枢神经递质：一类是以 5- 羟色胺和乙酰胆碱为主的有加强针刺镇痛作用的递质；另一类则以去甲肾上腺素和多巴胺为代表，可削弱针刺镇痛。这是一个重要的发现，针刺镇痛是有物质基础的。针刺镇痛的本质就是对这一对抗系统的调节；促进体内加强镇痛的递质释放，抑制抗痛的神经递质作用。③

针刺麻醉研究工作者，在电针刺耐受的大鼠中提取出内啡肽，并证明存在内源性吗啡样物质，也存在内源性抗吗啡样物质。前者可明显增强镇痛作用，后者则可消减针刺效果。这样，在对抗系统的两旁又添加了两个至关重要而分量相等的砝码。④

通常情况下，针刺往往能使增强镇痛的因素 5- 羟色胺和乙酰胆碱、内源性吗啡样物质等和对抗镇痛的因素肾上腺素、多巴胺、内源性抗吗啡样物质同时起作用，针效处于一般水平。而针刺引起明显镇痛可能与穴位的选择、手法及其他措施有关，以选择性地调节中枢内这些物质，促进加强镇痛递质的释放，抑制抗镇痛递质的产生。总之，针刺镇痛效果的优劣，是这些神经递质在不同核团分别作用和相互影响的一个总结果。其中，5- 羟色胺和内源性鸦片样物质可能起到主导作用。⑤

---

① 金国章等：脑内 5- 羟色胺能神经系统在针刺镇痛中的作用。《科学通报》，1978 年第 23 卷第 24 期，第 253-256 页。

② 金国章等：脑内 5- 羟色胺和儿茶酚胺在针刺镇痛中的作用。见：张香桐主编：《针灸针麻研究》。北京：科学出版社，1986 年，第 235-244 页。

③ 张仁：《中国针刺麻醉发展史》。上海：上海科学技术文献出版社，1989 年，第 44 页。

④ 同③，第 45 页。

⑤ 同③，第 45 页。

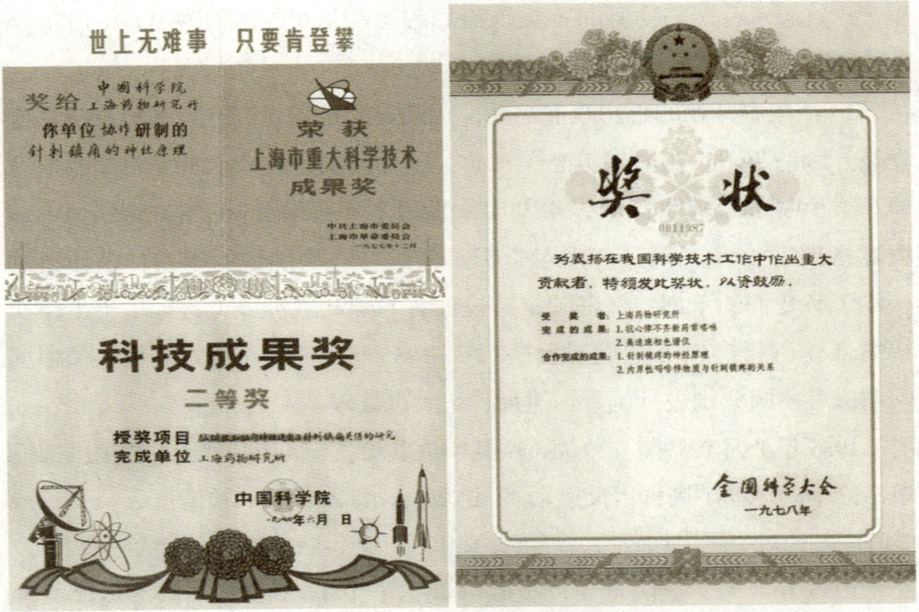

图 5–2　金国章参与的“针刺镇痛”相关的研究成果获得奖项
（全国科学大会成果奖，1978 年；上海市重大科学技术成果奖，1977 年；
中国科学院科学技术成果奖二等奖，1980 年。杨怀东摄）

因显著的“针刺镇痛”研究成果，中国科学院上海药物研究所获得了多项集体荣誉奖：针刺镇疼的神经原理于 1977 年 12 月获上海市重大科学技术成果奖、1978 年获全国科学大会成果奖；1980 年“脑啡肽和脑内神经递质与针刺镇痛关系的研究”荣获中国科学院科学技术成果奖二等奖。作为主要贡献者之一的金国章产生“失之东隅，收之桑榆”的感触。

风雨中砥砺前行

二十世纪五十年代直到七十年代，因复杂的国际政治环境、特殊的国内社会背景，中国各类政治运动此起彼伏。中科院上海药物所也同样受到各类政治运动的冲击。从药物所《1969 年基本情况汇编 · 沿革及概况》档案[①]记录来看，药物所的各类政治思想运动从1952年开始直至1976年“文化大革命”结束，一直未曾停歇。

1952年春开始的思想改造运动，运动目的是批评资产阶级思想、站稳立场、划清界限、肃清崇美恐美思想。国外回国科技人员都是思想改造对象。[②] 1953年11月24日，中共中央发出了《关于审查干部的决定》。该决定指出：“必须在两三年内对全国干部进行一次细致的审查，以便更进一步了解我们的干部，保证国家建设任务的顺利进行。”（这一审干工作在1955年10月与“肃反”运动并轨。）[③] 1955年7月，全所对五位人员根据问题层度不同分别进行调查、逮捕、记大过处理。[④]

1955年7月至1960年9月，中共中央发动了一场声势浩大的肃清内部反革命分子的运动（简称肃反运动）。这场运动涉及面广、被清洗人员多，持续时间长，对中国当代政治、经济、文化、社会生活产生了深远的影响[⑤]。

1955年8月，金国章主动反映，他曾于1944年3月在乡下集体参加了国民党。当时，十七岁的金国章在浙江永康家乡复习功课，准备考高中时，由当地小学体育老师为大家填表履行参加国民党手续，同时参加的有二三十人，押过手印或交过照片，但未参加过任何活动。1959年下半年经组织调查清楚是一般性政历。

1957—1959年，上海药物所先后有达六十二人参加上山下乡、干部下放劳动，锻炼二十个月。1958年2—3月，开展“双反”运动（反浪费、反官僚主义），四月开展向党忠诚老实、放包袱运动。9月拔白旗、插红旗，搞臭资本主义、个人主义。赵承嘏被批判学术垄断、技术保密，及有外行不能领导内行的思想。上海药物所实行搞研究、办工厂、办学校的“三合一”方针。10月，赵承嘏的所章被迫移交。在“三面红旗”指引下，“大

① 《药物所1969年基本情况·沿革及概况》，1969-03-01。存于中国科学院上海药物研究所档案室。

② 同①。

③ 王小平：肃反运动的来龙去脉（1951—1960年）。《山西高等学校社会科学学报》，2014年第26卷第8期，第91-97页。

④ 同①。

⑤ 同③。

跃进”开始了。10月以后全所开始大炼钢铁运动。1959年1月，药理组首先配备专职政治工作人员，之后各组也陆续配备专职政治人员。5月接受国防任务，成立抗放射组（即第五研究室）。8月，反右倾运动开始。1960年年初，全所积极投入技术革新、技术革命运动，提出“一片超声波、处处管道化、筛药一条龙”的口号。1961年1月，全所科技人员开了一个月的“神仙会”。通过总结大跃进得失，加强了业务工作，原总支部放弃领导权。全所成立了所务委员会和学术委员会。强调理论研究，主要有天然、有机、化合物结构；化学结构和疗效的关系；药物作用机制、代谢；其他有关药物的基本理论，明确天然有机为特色。1962年着手搞“三定”问题，即定方向、定任务、定人员，仍然强调“药物作用的基本理论研究放在第一位”。1963年，开展“五反”运动，之后进行了群众性“洗手洗澡”“放包袱”运动。1964年，全所开展群众性活学活用毛主席著作运动，纷纷建立毛著学习小组，掀起毛著学习高潮。开展“三摆”活动，即摆成绩、摆进步、摆经验，先在药理室试点，后推广到全所。

1964年8月，中科院上海分院也进行“四清”运动，药物所被列为首批试点单位，组织了一批科技人员去金山县农村进行“四清”运动。1965年初到1966年5月，所里抽调一批科技人员去宝山县农村和工厂搞“四清”运动。1966年5月，全所在编人员共463人。其中，科研人员329人，行政人员58人，工人75人。出生情况来看，地主、富农、资本家人数122人占比达26.4%。金国章家庭出身被定为地主成分。① 因国防紧急需要的“6003”项目任务期待尽可能早日出成果，所党委照顾大局，该工作组的相关人员基本不参加上述方面的活动，“6003”项目无疑成为保障科研人员工作的尚方宝剑。金国章也因此基本没有参加此类活动，但金国章的爱人吕宝芬被安排下农村参加“四清”工作，金国章要做科研赶任务，要兼顾两个子女的生活、学习和教育，感到有些力不从心，幸亏有岳母相助，减轻了他很多家务负担，可以让他专心于科研工作。② 在此期间，金

① 《药物所1969年基本情况·沿革及概况》，1969-03-01。存于中国科学院上海药物研究所档案室。

② 金国章访谈，上海，2011年9月14日。资料存于采集工程数据库。

国章虽然因国防任务没有到金山或宝山锻炼，还是参加所里举行的劳动大队，与金文桥是劳动搭档。

1966 年 10 月 15 日，所内贴出第一张“批判所党委执行资产阶级反动路线”的大字报，篮球场上首次展开对所运动方向与路线的“大辩论”。11 月 15 日，由各部门“造反”组织联合成立了“革命造反兵团”，并多次组织召开全所大会，批判所谓“资产阶级反动路线”。在此之前有已有十个“革命造反兵团”，此后又增加了十八个兵团。如有药理室的“毛泽东思想战斗队”，第五研究室的“革命点火队”，机关单位的“孺子牛战斗队”等等。受“红卫兵”全国大串联的影响，12 月 14 日，全所约 80% 的职工先后离开工作岗位到北京等地串联。1967 年 2 月 1 日，“革命造反兵团”和“工总司药物所大队”在上海药物所夺权。5 月 16 日，经各部门“造反队”协商，实现了全所大联合，成立了“革命造反委员会”，以无记名投票选出的主要负责人和各部门“造反队”分别推选出来的代表组成了领导机构，掌管全所党政财文大权。[①] 为了巩固“夺权”成果，“革命造反委员会”进一步组织各部门“造反队”批判“资产阶级反动路线”。1968 年 1 月，以揪叛徒、假党员为名，药物所“造反队”对老干部孟澄揪斗过程中出现了打人现象。合成室、植化室、抗菌素室、药理室和机关等部门的“造反队”都积极响应，揪斗干部，出现罚站、罚跪和挂牌子现象。

2 月 29 日在驻所“军宣队”的帮助下，“三结合”临时权力机构——上海药物所革命委员会成立。[②] 3 月 25 日，所革命委员会着手进行“清理阶级队伍”工作，各室先后确定十六个“专案对象”隔离审查，同时进行内查外调。8 月 25 日，《红旗》杂志发表社论“工人阶级必须领导一切”。9 月 17 日，由上海化工机修总厂派出的第一批“工宣队”到上海药物所来“领导一切”，并对各室进驻“工宣队”班，主导各室的“清理阶级队伍”工作。[③]

“文化大革命”清理阶级队伍中，在上海科技系统清查了“两线一会”

---

① 《药物所 1969 年基本情况 · 沿革及概况》，1969-03-01。存于中国科学院上海药物研究所档案室。

② 同①。

③ 同①。

特务集团案。所谓“两线一会”是指原中央研究院、日伪时期原上海自然科学研究院以及中华人民共和国成立前夕中央研究院职工为保护仪器设备组织起来的“接应小组委员会”。“四人帮”在上海的余党，认定曾经在这两个研究院工作过的科研人员“大多数是特务”，认定“接应小组委员会”为“特务组织”，在科技系统十四个科研单位清查“特务集团”。他们把上海解放时不去台湾的科研人员诬陷为“潜伏特务”，把中华人民共和国成立后从国外回来的科研人员诬陷为“派遣特务”，把中华人民共和国成立后党培养的科学工作者诬陷为“新发展的特务”。[①]

9月26日，进驻上海药物所的“工宣队”以查抄“黑材料”为名，用突然袭击的办法，对全所干部、群众的抽斗和柜子进行搜查并贴出公告，勒令所谓“反动人员”进行登记。10月，全所人员参加“抗大学习班”，不准回家，不准请假，要大家大揭大议，大排所谓“有问题”的人。在这基础上，把一些所谓“问题大”的人升级到“火线学习班”审查。[②] 据统计，受牵连被审查者108人[③]，占全所人员的四分之一。因政历问题受到“反共救国会”隔离的有十人，受冲击的有十六人，包括金国章；无政历问题受到隔离的有两人，受冲击的有二十一人，包括金国章的爱人吕宝芬；另有七人无冲击而进小组学习。[④] 被打人员二十七人[⑤]，金国章也在被打之列。被打人员中，原药理支部书记被打死。[⑥]

据1984年定稿的《上海药物所“文化大革命”大事记》披露，“文化大革命”期间，当时第五研究室被隔离审查的有池志强、金国章和孙祺薰三人。[⑦] 1968年造反派对他进行毒打，实施逼供。[⑧] 金国章在挨批斗

---

① 上海市地方志办公室:《中共上海党志》。2003-04-07。

② 《药物所1969年基本情况·沿革及概况》，1969-03-01。存于中国科学院上海药物研究所档案室。

③ “两线一会”人员名单，W1978-24-021。存于中国科学院上海药物研究所。

④ 因反共救国会而受冲击对象，W1978-24-021。存地同上。

⑤ 全所被打的人名单，W1978-24-021。存地同上。

⑥ 因反共救国会而受冲击对象，W1978-24-021。存地同上。

⑦ 药物所“文化大革命”大事记（档号），W1984-01-08。存于中国科学院上海药物研究所档案室。

⑧ 对金国章同志的复查结论，W1978-24-026。存地同上。

的过程中，采用“以治人之道，还治其人之身”的战术，高呼“毛主席万岁”“共产党万岁”，造反派受到震慑，停止施暴。1968年的冬天，金国章和池志强都参加“学习班”，受到轮流审查。金国章吃住都在当时的电生理实验室，活动面积不足十平方米，吃饭由专人送，上厕所有人跟随，失去人身自由长达一个多月。1969年7月12日，药物所革委会、革反会“关于金国章问题的处理意见”的结果，是对金国章参加国民党一事作一般政治历史问题对待。① 1970年，金国章与朱应麒一起到奉贤“五七干校”下放劳动，当羊倌半年。

虽在“文化大革命”批斗会上，金国章经受过人格的侮辱和毒打，但在平反时，他仍以宽容之心原谅了曾经迫害过他的人，大家冰释前嫌。但每每忆起“文化大革命”，金国章仍唏嘘不已，久久难以抚平曾经的创伤，尤其是对家人的愧疚。在金国章被隔离审查时，有一次，造反派们要求他回家取一份由日本学者寄给他的信，作为他里通外国之类的证据。其实，此封信件是科学同行表示支持金国章药理试验工作可信性的来信。金国章与其未曾有机会谋面过。当金国章被两位造反派成员一路跟随到家时，正在家门外玩耍的一双年幼的儿女，见到父亲被这样看护着，感到十分恐惧，只敢低声叫一声“爸爸”，不敢多言。回忆起当时境况，金国章眼眶不禁有些湿润。由于未能尽到一个父亲对孩子的保护责任，这令他一直难以释怀。②

1983年7月，金国章被平反。

在这一场场连续不断的政治运动漩涡中，金国章的命运亦如狂风暴雨中大海里一叶扁舟，难以掌握自己的命运。尽管在那样风雨飘摇的岁月里，金国章依然坚定不移地将身心投身到他热爱的科学研究中，并取得了令人刮目的成绩。③

① 对金国章同志的复查结论，W1978-24-026。存于中国科学院上海药物研究所档案室。

② 金国章访谈，上海，2011年9月14日。资料存于采集工程数据库。

③ 对金国章同志的复查结论，W1978-24-026。存于中国科学院上海药物研究所档案室。

第六章
矢志不渝

开辟新领域

1978年，党的十一届三中全会召开，药理室已发展到108人，药理室人才荟萃，学科建设、仪器设备、科研管理及学术气氛均获得赞誉。是年，药物所34号楼竣工启用，药理室大部分人员陆续搬到新楼，实验条件明显改善，但仍有一部分人留在老的6号楼，小动物房也由药理室分管，部分实验室安排在动物房内。药理室分散在几个地方，分支专业多，很难开展全室活动。有人比喻药理室之大像个小型研究所。经与所领导反复商量和上级审批后，1979年初，这个大药理室被分为三个药理室。药理一室包括肿瘤组、免疫组、代谢组合电镜组，胥彬任主任；药理二室包括心血管组、毒理及同位素组、避孕组，丁光生任主任；药理三室主要研究神经药理，由邹冈任主任，金国章任副主任。另有唐希灿组，高速机超速离心组由庞大伟负责。当时为了充实人员，还将第五研究室的部分人员分别调整到这三个研究室。[①]

春风浩荡，万象更新，知天命之年的金国章，踌躇满志决心以“延胡索乙素”为源头，重归原来的科研主轴工作——四氢原小檗碱同类物（THPBs）作用于脑内多巴胺神经系统的药理研究。大有“雄关漫道真如铁，而今迈步从头越”的豪情。

这一时期，金国章发现“延胡索乙素”化学结构与许多类似物有相同的母核，均属于四氢原小檗碱同类物，[②]它们的神经药理作用在国际尚未见报道，属于创新的研究领域，很值得研究。上海药物研究所陈嬿等人对防已科（Menispermaceae）千金藤属植物（Stephania）进行了化学成分研究，从黄叶地不容（*Stephania viridiflavens*）中分离到五种生物碱，其中左旋延胡索乙素（*l*-THP）在植物中的含量达4%以上，成为重要的植物资源，后经调查发现，在千金藤属有二十多种植物均含有“延胡索乙素”；又在河谷地不容（*Stephania intermedia*）、海南地不容（*Stephania hainanensis*）、云南地不容（*Stephania yunnanensis*）中分得多种生物碱，包括延胡索乙素、左旋千金藤啶碱、药根碱、千金藤宁碱等。千金藤属植物中含有大量的原小檗碱和四氢原小檗碱，后有研究人员从小檗科（Berberidaceae）、罂粟科（Papaveraceae）中均发现含有四氢原小檗碱同类物（THPBs）[③]。这为金国章开展四氢原小檗碱同类物研究提供了极好的研究基础。金国章通过动物行为、受体结合、电生理等试验，成功地开创了四氢原小檗碱同类物作用于多巴胺受体的研究领域，在国际上独具优势。

当时，国际上已经明确了安定作用是由于脑内多巴胺受体功能被阻滞的结果。以大药物剂量就可能出现僵住症。探索“延胡索乙素”作用于多

---

① 胥彬：回忆药理室建立和发展的一些情况。见：中国科学院上海药物研究所编：《继往开来，再创辉煌：中国科学院上海药物研究所七十年光辉历程（1932-2002）》，2002年，第19-20页。内部资料。

② 四氢原小檗碱同类物（THPBs），是一大类结构类似的化合物，它们有共同的母核。在千金藤属植物中，含量最多的延胡索乙素（l-THP）和药理作用最有特色的左旋千金藤啶碱（l-SPD）均属于THPBs类化合物。参见：金国章：《中药延胡索研究中的新发现》。上海：上海科学技术出版社，2001年，第71页。

③ 金国章：《中药延胡索研究中的新发现》。上海：上海科学技术出版社，2001年，第11页。

巴胺受体，就因此成为金国章研究上的重要切入点。他首先以中脑黑质－纹状体多巴胺（DA）神经系统为研究对象，借鉴“延胡索乙素”的药理作用，对二十多种四氢原小檗碱同类物同类物开展受体亲和力、突触后多巴胺受体生理功能、突触前多巴胺受体反馈作用，以及黑质多巴胺神经元的放电活动等多种试验，系统比较它们作用于多巴胺系统的影响。在系列实验进行过程中，生理效应和生化指标均提示它们具有中枢多巴胺突触前和突触后受体的阻滞作用。为进一步获取相关直接证据，金国章带领课题组又开展了放射受体竞争结合试验，比较它们对受体的亲和力强度。研究结果以“新化学类型的脑内多巴胺受体拮抗剂——四氢原小檗碱同类物（THPBs）”为题，在国际上首次发表。[①] 文中指出，四氢原小檗碱同类物是多巴胺受体的阻滞剂。他从化学结构角度阐明它的创新性，最有代表性的化合物是双羟基－THPBs，并以左旋千金藤啶碱（*l*–SPD）在众多左旋四氢原小檗碱同类物（*l*–THPBs）中活性最强。

金国章在研究中还发现：右旋四氢巴马汀（*d*–THP）和左旋四氢巴马汀（*l*–THP）有不同的作用机理。左旋四氢巴马汀和其他左旋四氢原小檗碱同类物（*l*–THPBs），是脑内多巴胺受体阻滞剂；而右旋四氢巴马汀是多巴胺（DA）排空剂的始型物，为今后右旋四氢原小檗碱同类物（*d*–THPBs）研究工作提供一潜在发展

图 6–1　神经递质研究组成员在上海复兴公园合影（1979 年从左至右：张振德、金国章、郑林忠、汪晓立、许建、俞蕾平、张福田。金国章提供）

① 金国章等：新化学类型的脑内多巴胺受体拮抗剂——四氢原小檗碱同类物。《中国科学：B》，1985 年 第 10 期， 第 925–930 页。Jin Guo–Zhang:（－）–Tetrahydrophalmatine and its analogues as new dopamine receptor or antagonist。*TIPS*，1987，8：81–82。

方向。提示消旋体四氢原小檗碱同类物（*dl*–THPBs）在临床应用中可具有两种药理作用，达到同一种治疗效果的前景。①

根据实验结论，金国章设想：左旋四氢原小檗碱同类物和右旋四氢巴马汀或消旋四氢巴马汀出现不同作用机理，可能是由不同构型所引起；而左旋四氢原小檗碱同类物不同强度的药理作用，是否由于不同取代基团导致立体结构变化的缘故？这些化学结构内在因素究竟是怎么样起作用的？

通过与化学家的合作，根据X光衍射、量子化学计算和构效关系的研究结果，金国章在国内首次探讨了四氢原小檗碱同类物的药理作用和结构的关系，指出左旋四氢原小檗碱同类物（天然的四氢原小檗碱同类物大部分为左旋体）绝对构型的基本共性，并提出左旋四氢原小檗碱同类物与DA受体作用的拓扑图像设想，量子化学的数据合理地解释了左旋千金藤啶碱作用居同类物之首的原因，这些结构特点的阐明有助于药物作用机理的探讨。此研究所获得的构效关系的作用规律性（1981—1989年）为我国三科属数十种植物资源的合理应用提供了科学依据。这一系列研究工作在当时国际神经药理研究领域颇具代表性，属国内首创。

金国章率领团队分别与陈嬿、周启霆两位研究员合作，开展构效关系研究，证明双羟基是四氢原小檗碱同类物具有 D_1 激动作用的内在结构要素。研究结果有利于开展自主创新药物。

1988年，为了进一步增强科研实力，金国章与中国科学院生化细胞研究所林光大②教授合作，开展左旋千金藤啶碱的立体结构和量子化学的研究，提出其与多巴胺（DA）受体相结合作用的拓扑图。阐明了四氢原小檗碱同类物的左旋体和右旋体的N原子的朝向刚相反，左旋体的N原子朝向多巴胺受体，有利于两者相结合，提供有亲和力的构象依据；而右旋体N原子朝向上方，表明与多巴胺受体无亲合力，成为多巴胺排空剂研究

① 金国章访谈，上海，2012年12月。资料存于采集工程数据库。Jin Guo-Zhang 等：Different effects of enantiomers of tetrahydopalmatine on dopaminergic system。*Scientia Sinica* [B], 1986, 10: 1054-1064。金国章等：右旋四氢巴马汀排空脑内多巴胺的作用。《中国药理学报》1987年第8卷第3期，第207-212页。

② 林光大，金国章等：4种四氢原小檗碱同类物的主体结构和量子学与多巴胺受体作用关系。《中国药理学报》，1988年第9卷第3期，第197-205页。

的前提。期待它成为“延胡索乙素”之后的第二代创新药物。

有趣的是金国章与生化所同志合作进行的工作成果，“4 种四氢原小檗碱同类物的立体结构和量子化学对多巴胺受体作用的关系”的科研论文投送《中国药理学报》发表，引起一次学术争鸣。金荫昌教授是此文的评审之一。他是中国药理学会神经药理学专业委员会的创始人，是一位很有学术造诣的神经药理学家。他审阅此稿后，认为该文学术水平很高，是我国神经药理与受体分子功能相关的第一篇文章，在国际上也不多见。然而，另一位审稿教授却对此文持有不同看法。因该文研究结果与前人发表的消旋延胡索乙素研究结论不相同。经金国章据理力争后，文章才得以正式发表。对这次学术争鸣，金国章印象深刻：

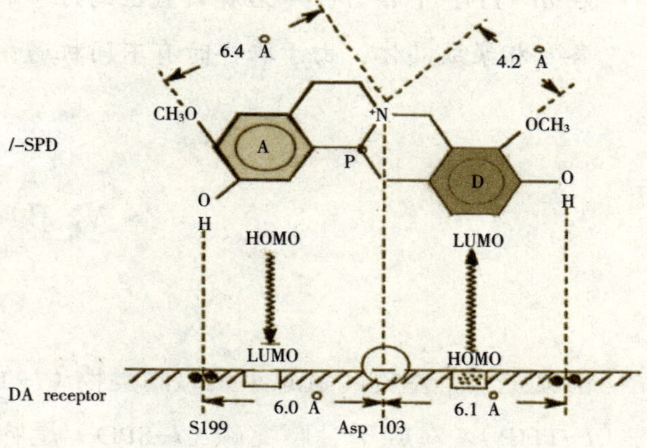

图 6–2　左旋千金藤啶碱与 D_1 受体相结合的拓扑图（金国章提供）

> 第一，本文有三个左旋体样本的 C_{14}–H 朝向一致，而右旋体则相反，是有规律性的，而他人的文章仅为一种样品（即延胡索乙素）；第二，他人研究的延胡索乙素样品其实是消旋体（即 *dl*–THP），是由我提供给该研究所的另一位科研人员，还保留着赠送样品的原始记录卡片为证（1961 年）；第三，当时（提供样品与他人时）上海药物所尚未拆分过 *dl*–THP（消旋体消旋四氢巴马汀）……为什么结果不一致，其中关键原因就是，消旋体由各一半的左旋体（*l*–）和右旋体（*d*–）晶体组成。此问题法国科学家 Pasteur 教授早在百多年前就有结论，左旋体和右旋体各自相聚成为结晶，并可借用放大镜，（用镊子）将它们分开，（这）已作为经典内容载入化学教本。因此有理由推论，

在 *dl*–THP 中 *d*–THP（右旋四氢巴马汀）和 *l*–THP（左旋四氢巴马汀）各自相聚成晶体，由于取样时有不同机遇，可产生不同结果。①

第一个发现

前文提到，左旋四氢原小檗碱同类物（*l*–THPBs）包括左旋四氢巴马汀（*l*–THP），左旋千金藤啶碱（*l*–SPD）是脑内新型的多巴胺受体阻滞剂，且左旋千金藤啶碱在众多左旋四氢原小檗碱同类物中活性最强，构效关系研究为药物的作用机制提出了合理的解释。在这一系列研究中，金国章认为最重要也是最有意义的，是发现左旋千金藤啶碱对多巴胺受体既有激动又有阻滞的新型药理作用，他在当时将它谨慎地称为“兼容作用”。这一现象是在特定实验条件下偶然发现的，正应验了“新现象常在偶然中发现”的科学名言。金国章回忆道：

1981 年，南京大学生物系学生施卫星来实验室实习，我们相互结识了对方。在他考取研究生后，我让他重复左旋四氢巴马汀具有多巴胺受体阻滞作用的大白鼠旋转行为实验。在他掌握技术后，我又让他单独试验新化合物，即左旋千金藤啶碱。他细心观察用 6–OHDA 损毁旋转模型动物试验时，偶然发现左旋千金藤啶碱不但阻滞多巴胺受体功能，还有激动多巴胺受体的异常现象，这与其他多巴胺阻滞剂显然不相同。我深恐是实验差错，后来改用电损多巴胺神经元模型动物作比较，确证左旋千金藤啶碱确有激动作用。之后，我又安排学生汪晓立加入工作，试验结果再次验证了左旋千金藤啶碱作用，最终结果还是如此，（我们）并以去水吗啡和苯丙胺为对照，观察到它们的不同作用特性。直到此时，我仍不贸然断言左旋千金藤啶碱的新型药理

① 金国章访谈，上海，2012 年 10 月 18 日。资料存于采集工程数据库。

作用，经与金荫昌教授讨论，谨慎地确定四氢原小檗碱同类物是新化学类型的多巴胺受体阻滞剂，而不凸显它的激动作用，曾仅用“兼容作用”描述它。

上述研究成果，发表在国际公认的药理学领域排名前三的著名刊物《药理科学趋势》*Trends in Pharmacological Sciences,*（1987 年）①。此报道引起不少国际学者的兴趣，其中有加拿大多伦多大学药理系的 Seeman 教授，他验证了左旋四氢巴马汀、四氢小檗碱、左旋千金藤啶碱对多巴胺受体亚型 D_1 和 D_2 受体有亲和力，支持金国章的结论。② 法国 Rhone Poulence Sante 生命研究中心 J. M. Stutzmann 博士也来信证实左旋千金藤啶碱药理作用是优先与多巴胺受体相结合，显示其对多巴胺受体的专一性，与金国章研究组的结论相一致。③ 同行的支持，更增添了金国章开拓创新的信心。

图 6-3　金国章课题组欢送施卫星去美国 Yale 大学攻读学位时合影
（1983 年 9 月。左起：张振德、许守玺、金国章、施卫星、许建、俞蕾平。金国章提供）

① Jin Guo-Zhang:（-）-Tetrahydrophalmatine and its analogues as new dopamine receptor or antagonist。*TiPS*，1987，8：81-82。

② Seeman 给金国章的信，1989 年 4 月 9 日。资料存于资料存于采集工程数据库。

③ J. M. Stutzmann 博士给金国章的信，1988 年 10 月 25 日。存地同上。

经多次反复试验后，金国章确证了左旋千金藤啶碱的“兼容作用”，但对其机理尚不清楚。他意识到这将会是一个创新点。在此期间，一次国际学术交流激发了他的灵感：

1987 年我去澳大利亚参加在悉尼召开的第十届国际药理学大会后，又去参加多巴胺的卫星会议。这次卫星会议报道了以往未见过的新内容，其中有十几篇有关（多巴胺受体亚型）D_1 和 D_2 受体不同的药理功能的综述文章，让我惊喜，引起我很大的兴趣。我们所报告的左旋千金藤啶碱仅是以新型的多巴胺受体阻滞剂为命题，尚未进入其亚型受体 D_1 激动 $-D_2$ 阻滞的明确工作阶段，这就让我明显地感受到研究左旋千金藤啶碱双重作用机制的时机已到来，理应尽快启动。

图 6-4　金国章参加国际第十届药理学大会在悉尼海湾留念（1987 年 8 月。金国章提供）

金国章对左旋千金藤啶碱的“兼容作用”，曾提出三个可能性：第一，是多巴胺受体对 D_1 和 D_2 两种不同亚型有截然不同生理功能的双重作用；第二，是对同一受体（D_1 或 D_2）有部分激动，小剂量产生激动，增大剂量转为阻滞的两种药理作用特性，其中激动作用应有信号转导的内在活性；第三，是由于多巴胺受体超敏，而后使细胞内信号转导或脑内神经环路的生理功能发生变化，从而出现部分激动作用。究竟何种假设符合实际情况？

受到前述国际多巴胺学术会议的启发，金国章决定从多巴胺受体有 D_1 和 D_2 两种亚型的不同作用入手，针对左旋千金藤啶碱兼容作用的第一个科学假说开始研究。他带领研究组应用神经药理、生化药理、电药理、神经形态以及动物行为等多种试验方法，进行多学科的论证，先后共有二十多项指标，证明左旋千金藤啶碱确实是 D_1 激动 $-D_2$ 阻滞两种受体的双重作用的药物，符合第一个可能性。他的博士研究生黄开星对此工作作出了重要贡献。

图 6-5　金国章（左）与黄开星（右）合影（1987 年。金国章提供）

黄开星 1984 年毕业于上海第一医学院的药学系药理学专业，当年报考药物所研究生时，他成绩突出，经多位“考官”面试，一致认为是一个好苗子。金国章又对他进行实验操作考察，考察结果也非常令他满意，于是收入麾下精心培育。

金国章给他指定的学位论文研究内容是“如何解决左旋千金藤啶碱‘兼容作用’的实质机理问题”。他不负众望，首先阐明阿朴吗啡（apomorphine，APO）的启动作用（priming）。用 6- 羟基多巴胺（6-hydroxy dopamine，6-OHDA）损毁黑质多巴胺神经元。三周后，超敏作用使阿朴吗啡呈现激动作用。相隔一周后，再给予左旋千金藤啶碱，所呈现的 D_1 激动作用称之为 APO 启动，促使左旋千金藤啶碱出现 D_1 激动作用；不用阿朴吗啡启动，大鼠对左旋千金藤啶碱出现旋转行为需要两个多月之

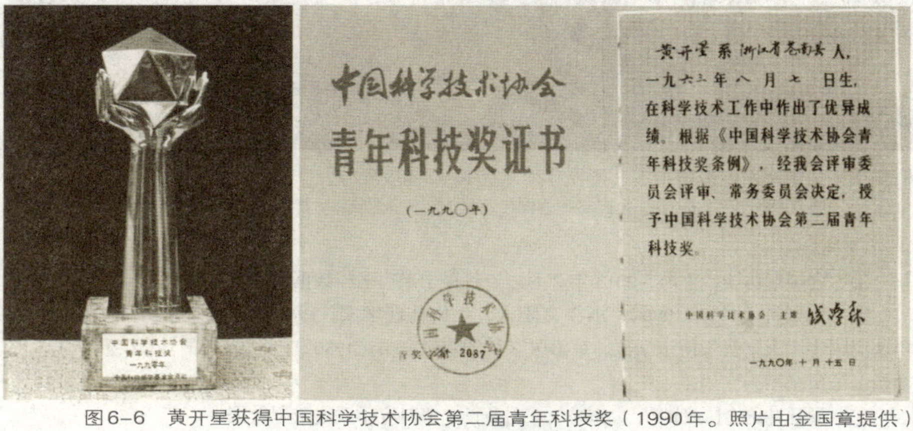

图6-6　黄开星获得中国科学技术协会第二届青年科技奖（1990年。照片由金国章提供）

久，这就是问题的关键所在。由于黄开星出色的工作，于 1991 年荣获中国科协第二届青年科技奖，成为上海药物研究所获此荣誉的第一人。①

左旋千金藤啶碱对 D_2 受体是否也有激动作用？金国章带领弟子们通过与专一的 D_2 受体激动剂比较，对突触前、突触后以及胞体树突 D_2 自身受体都进行了验证，明确了其对 D_2 受体是抑制作用而非激动作用。

黄开星博士学位论文答辩时，条理清晰地阐述了左旋千金藤啶碱对黑质致密区（SNC）的多巴胺神经元的电生理作用特性，获得答辩委员张香桐院士赞赏。周廷冲 ② 来信对他论文的评价是：“论文选题新颖先进，其特色是系统性，科学性和民族性”。③ 这篇学位论文成为该项研究的重要成果。

金国章的研究团队是国内最早开展多巴胺系统研究的队伍，他也成为这一研究领域名副其实的开拓者。周廷冲院士在 1989 年 2 月 6 日的来信中表达了他对这项工作的肯定，他认为金国章及其研究团队“做了很有系统

图 6-7 金国章与研究生们在岳阳路 320 号合影（1989 年 3 月 15 日。前排左起：宋予民、金国章、周巨民；后排左起：黄开星、胡刚、孙宝存。金国章提供）

---

① 金国章访谈，上海，2013 年 2 月。资料存于采集工程数据库。

② 周廷冲（1917-1996），浙江富阳人，生化药理学家。1941 年毕业于上海医学院。1947 年获英国牛津大学哲学博士学位。军事医学科学院研究员。1980 年当选为中国科学院院士（学部委员）。

③ 周廷冲给金国章的信，1989 年 2 月 6 日。资料存于采集工程数据库。

图 6-8　博士生黄开星学位答辩后与答辩委员合影。（1988 年。左起：许若芬、赵志奇、池志强、胥彬、张香桐、黄开星、金国章、杨藻辰、金正均。金国章提供）

图 6-9　脑内多巴胺神经系统与四氢原小檗碱同类物的药理作用关系所获奖项（1989 年获中国科学院自然科学奖二等奖，1991 年获国家自然科学奖三等奖。杨怀东摄于 2011 年）

的开拓性工作”，“最为可贵之处就是您们能够坚定不移地坚持下来，针对一个问题，由浅入深，由表及里地工作”，这“是系统性，科学性和民族性三者统一。”金国章也因该阶段工作获得中国科学院自然科学奖二等奖（1989 年）、国家自然科学奖三等奖（1991 年）。

刨根欲问底

左旋千金藤啶碱（*l*–SPD）虽然被证明确实是 D_1 激动 –D_2 阻滞两种受体的双重作用的药物，但它的 D_1 激动作用实质原因是什么呢？金国章掩卷思量：①它的 D_1 激动作用是部分激动剂，抑或全激动剂；②其激动作用是否有内在活性（intrinsic activity）和信号转导途径。以往试验是采用旋转行为的结果，不能以偏概全，有待进一步进行研究。从宏观角度审视，旋转行为是涉及全身性运动的活动，这活动与两个环路（一是黑质 – 纹状体环路，二是大脑皮层与纹状体联系的反馈调控环路）的作用有关。多巴胺神经元是它们功能的平衡调节器，当多巴胺神经元被损毁后失去平衡功能，使 D_1 受体超敏，因此出现旋转活动。超敏的 D_1 受体在何处？1991 年入所，由金国章与胡国渊联合培养的博士研究生张雪翔作出了回答：证明 D_1 受体的作用部位有两处，一个是黑质网质区（SNR）的 D_1 受体，另一个是新纹状体 D_1 受体，它们都通过大脑皮层的直接环路起重要作用。只有 D_1 受体超敏后，才显示出 D_1 激动作用。①

换言之，当破坏黑质 – 纹状体环路完整功能的平衡优势，就能观察到黑质网质区部位的 D_1 受体功能变化。金国章指导 1993 年入学的博士研究生郭翔用 6– 羟基多巴胺损毁中脑黑质致密区（SNC）部位的多巴胺神经元，在受体水平 D_2 和 D_1 受体的作用平衡关系被解离，出现超敏，引起 D_1 激动作用②，所以 D_1 激动是以超敏为条件的。从技术角度视之，使黑质网质区的 D_1 受体超敏，又必须采用电生理方法，记录非多巴胺神经元放电的比较方案，能否走出新路呢？

---

① 张雪翔等：左旋千金藤立定和 DA 受体激动剂对 6–OHDA 损毁大鼠旋转行为和基底核神经元放电的作用部位。见：中国科学院上海药物所编：《金国章论文选集》。2007 年，第 434 页，内部资料。

② Jin Guo zhang 等：Enhancament l–stepholidine on protein phosphorylation of dopamine–and cAMP regulated phosphoprotein in denervated striatum of oxidopamine–lesioned rats。*Acta Pharmacol Sin.*，1998，19（2）：100–103。

1988 年，研究生孙宝存接替黄开星的工作，开展黑质－纹状体多巴胺神经环路中的电药理学研究。

他应用正常大鼠、利血平排空脑内多巴胺的超敏大鼠模型、以及 6–羟基多巴胺（6–hydroxydopamine，6–OHDA）损毁中脑黑质致密区多巴胺神经元的超敏大鼠模型，用不同药物比较试验，得出结论：药理学中，部分激动剂的定义是，对同一种受体作用时，小剂量为激动作用，大剂量则转为阻滞作用。实质上，左旋千金藤啶碱不遵循"小剂量激动，大剂量阻滞"的通常概念，它是在受体超敏、信号转导效率增强的情况下转化为激动作用的药物，所以，左旋千金藤啶碱是多巴胺受体部分激动剂，这为药理学中的部分激动概念增加了新的内涵[①]。孙宝存通过四个方面的试验，阐明了左旋千金藤啶碱（*l*–SPD）具有非经典安定剂的药理作用特性。也因他对多巴胺受体新型阻滞剂——左旋千金藤啶碱的非经典安定剂特性和对超敏 D_1 受体的部分激动作用研究做出的突出成绩，于 1993 年荣获中国科学院院长奖学金特别奖，成为上海药物所获此殊荣的第一人。日后，孙宝存成为美国罗格斯新泽西州立大学 Ian Creese 教授的博士后。[②]

左旋千金藤啶碱为 D_1 部分激动剂的观点，还分别获得博士研究生董兆君和邹灵龙，从生化药理工作的有力支持。这些创新性发现，表明利血平化和 6–羟基多巴胺损毁对多巴胺受体功能的影响是不相同的，引起国际学者极大兴趣，来函索取单印本二百五十多人。但金国章很冷静，他分析这未必能代表其研究工作有发展前景，他认为坚持研究四氢原小檗碱同类物与多巴胺受体的关系更有发展前景。[③]

阻滞剂只对受体有亲和力和生理功能，而激动剂不但有这两者作用特性，还应具有内在活性（intrinsic activity）和参与信号转导（transduction）的生化效应。[④] 这就是前述的第三个可能，金国章率领课题组成员继续进

---

① 孙宝存：安定剂特性和对超敏 D_1 受体的部分激动作用。中国科学院上海药物所博士论文。2007 年 5 月 1 日。

② 1993 年度院长奖学金特别奖获得者简介。《中国科学院院刊》，1994 年第 3 期，第 274 页。

③ 金国章访谈，上海，2011 年 10 月 10 日。资料存于采集工程数据库。

④ Zhao Jun Dong、Guo–Zhang Jin 等：Dual actions of（–）–stepholidine on the dopamine receptor–mediated adenylate cyclase acticity in rat corpus striatum。*Life Scinece*，1997，61（4）：465–472。

图 6-10　神经药理三室全室人员合影
（1992 年 6 月 21 日。左起：吴建华、俞蕾平、郭翔、陈丽娟、金国章、董兆君、刘健、张雪翔、邹灵龙、濮艳萍。金国章提供）

图 6-11　国家自然科学基金会药学药理学科第一个重点课题在上海结题验收合影
（1997 年。前排左起：基金委负责人陈丽君、孙凤艳、吴镭；后排左一：专家组组长陈宜张，右一：课题负责人金国章。金国章提供）

一步探讨左旋千金藤啶碱的 D_1 激动作用的属性。其研究结果显示与电生理试验结果相一致，支持左旋千金藤啶碱的 D_1 激动是部分激动作用 ① 的结果。这也是应用现代受体理论解释药物分子作用机制的范例。②

由于有上述科研工作的积累，1992 年金国章作为项目负责人，申请到国家自然科学基金会的药学和药理科的第一个重点资助项目（项目编号 39130030，1992—1996）。③ 充裕的研究经费促进其科研团队的工作进入快速发展阶段。

临床新用途

脑内多巴胺系统对人的生命活动具有十分重要的作用。正常的多巴胺系统功能对保持“身心”健康具有重要意义，而多巴胺系统功能失调，可导致一些重大的神经精神疾病，例如帕金森病、精神分裂症、毒品成瘾等。

图 6-12　金国章（右）与乐卫东（左）（1988 年 7 月 8 日，在北京参加亚太地区国际药理学会议时合影。金国章提供）

---

① Bao-cun Sun、Xue-Xiang Zhang、Jin Guo-Zhang 等:（-）-Stepholidine acts as a D_1 Partial agonist on firing activity of substantia nigra pars reticulate neurons in 6-hydroxydopamine-lesioned rats。*Life Science*，1996，59（4）：299-306。

② Zhao Jun Dong、Guo-Zhang Jin 等：Dual actions of（-）-stepholidine on the dopamine receptor-mediated adenylate cyclase acticity in rat corpus striatum。*Life Scinece*，1997，61（4）：465-472。

③ 左旋千金藤啶碱对脑内多巴胺受体的双重作用及其重要意义。国家自然科学基金会网站，2005 年。

1987 年，金国章与当时国内专长于相关研究领域专家，较广泛地展开了左旋千金藤啶碱与多巴胺功能相关疾病的临床试验研究。此工作主要由金国章与上海第二医科大学神经科周孝达教授联合培养的，且具有丰富的临床实践经验的 1987 级博士生乐卫东负责。经大量临床试验后，乐卫东得到的结果表明：

（一）治疗血管性头痛和偏头痛：由九个教学医院的神经科试用 *l*-SPD 200 多例病例，证实效果良好，有效率达 85%，其中对偏头痛病的有效率为 92%，可能是左旋千金藤啶碱的适应证之一。[1]

（二）治疗多动性锥体外系运动障碍：帕金森综合征病人长期服用美多巴（medopa）所引起的多动症（hyperkinesia），或精神病人长期服用安定剂所引起的迟发性运动障碍（tardive dyskinesia，TD），经 120 多病例的治疗，证实效果良好，副作用小。[2]（三）对Ⅰ、Ⅱ期原发性高血压有疗效，起效慢，作用平稳，对舒张压作用更佳，后效持久，可能是有前景的治疗药。[3]

图 6-13　金国章（右）与和友（左）（2005 年，合影于上海药物所承嘏厅门前。金国章提供）

以上研究结果赋予左旋千金藤啶碱有

---

① 乐卫东等：新型多巴胺受体阻滞剂 l-SPD 预防和治疗血管性头痛的临床研究。《中华内科杂志》，1987 年，第 26 卷第 12 期，第 681-684 页。

② 张新根等：*l*- 千金藤定碱治疗震颤麻痹患者因 L-dopa 或 Madopar 引起的多动症。《中国神经精神疾病杂志》，1989 年第 5 卷第 1 期，第 16-17 页。

③ 程全如等：*l*- 千金藤立定治疗高血压病。《新药与临床》，1988 年第 7 卷第 5 期，第 269-271 页。祝惠民等 .：*l*- 千金藤立定治疗高血压病 35 例。《新药与临床》，1989 年第 7 卷第 5 期，第 296-298 页。

特殊的 D_3 作用意义。只是囿于当时的科学水平，金国章及其研究团队与其相逢不相识。直至 2005 年，这一问题才由金国章 1998 级博士研究生和友证实左旋千金藤啶碱对 D_3 受体有阻滞作用，并成为治疗运动障碍的科学依据。[①] 其意义真可与当年左旋千金藤啶碱的 D_1 激动 $-D_2$ 阻滞双重作用相媲美。[②]

在四氢原小檗碱同类物中，如把延胡索乙素（*l*-THP）作为第一代药物，左旋千金藤啶碱（*l*-SPD）将是有发展前景的第二代药物。

---

① 和友：左旋千金藤啶碱（SPD）对多巴胺受体亚型的药理特性。中国科学院上海药物研究所博士论文。2005 年。

② 金国章访谈，上海，2011 年 11 月 29 日。资料存于采集工程数据库。

第七章 方得始终

第一个科学假说

六十多年来，安定剂（neuroleptics）一直是治疗精神分裂症的首选药。以 1952 年发现的氯丙嗪代表经典安定剂，对精神分裂症阳性症状（如兴奋躁动等）效果好，对阴性症状（如认知功能低下）效果弱，同时伴有严重的锥体外系不良反应。二十世纪七十年代发现的氯氮平成为第一个非经典安定剂，即第二代安定剂，对精神分裂症阳性症状效果好，阴性症状也有效，且无锥体外系不良反应。但有抑制白细胞生成，大量流涎和出汗，导致失 K^+ 而影响心脏功能等副作用。人们认识到精神分裂症病人的阳性症状易治疗，而阴性症状难治疗，成为核心难题。阴性症状使病人的智力减退，失去工作能力，所以渴望有新型的第三代安定剂出现。左旋千金藤啶碱具有 D_1 激动 $-D_2$ 阻滞的双重作用，又有 D_3 阻滞作用，极可能成为第三代新型安定剂的候选药物。

金国章他们虽然确证了左旋千金藤啶碱（*l*-SPD）的“兼容作用”是

D_1 受体激动 $-D_2$ 受体阻滞的新型双重作用。但要阐明其与生理功能的关系，需要分别了解其对脑内多巴胺神经通路中 D_1 和 D_2 受体亚型的不同生理功能。按照已知常识，多巴胺阻滞剂治疗精神分裂症，多巴胺激动剂治疗帕金森综合征。[①] 然而，左旋千金藤啶碱的双重作用，D_1 激动作用与治疗精神分裂症似乎不相符合，它的 D_2 阻滞作用显然也不符合治疗帕金森综合征（PD）。究竟路在何方？

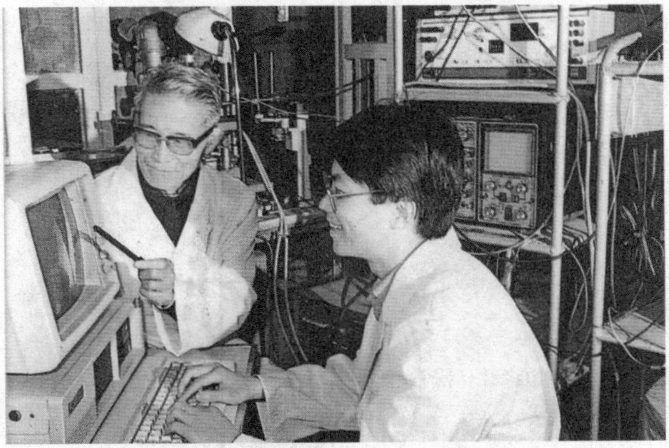

图 7-1　金国章与孙宝存（右）在观察实验（1994 年。金国章提供）

1995 年 10 月，金国章去法国 INSERM U-114 短期学术访问两周，与同行 J.Glowinski 院士和 A.M.Thierry 教授深入交流。他有备而去，拟探讨 D_1 受体激动剂的药理作用。Thierry 教授很诚恳地告知他，国际上刚刚有作者以 D_1 受体阻滞剂代替 D_2 阻滞剂治疗少数精神分裂症病人，以失败告终。说者无意，听者有心。金国章就逆向思维，推测左旋千金藤啶碱的 D_1 激动作用可能治疗该类病人。回国后，他加快进行动物试验，指定博士研究生朱子涛探索这个问题。朱子涛分三步进行电生理试验，得出两个重要结论：左旋千金藤啶碱对 mPFC 的 D_1 激动作用正是针对大脑皮层功能低下所引起的病人的阴性症状，又可以调控皮层下的 NAc 的 D_2 亢进作用，非常符合新型抗精神病药物研究的发展理论。

于是，金国章大胆提出左旋千金藤啶碱的双重作用"匹配治疗的假设（matching hypothesis）"：左旋千金藤啶碱双重作用正好"匹配治疗"病人脑内多巴胺功能的不平衡，强调其 D_1 受体激动作用改善病人的阴性症状

① 金国章等:《脑内多巴胺》。上海：上海科学技术出版社，2010 年，第 466 页。

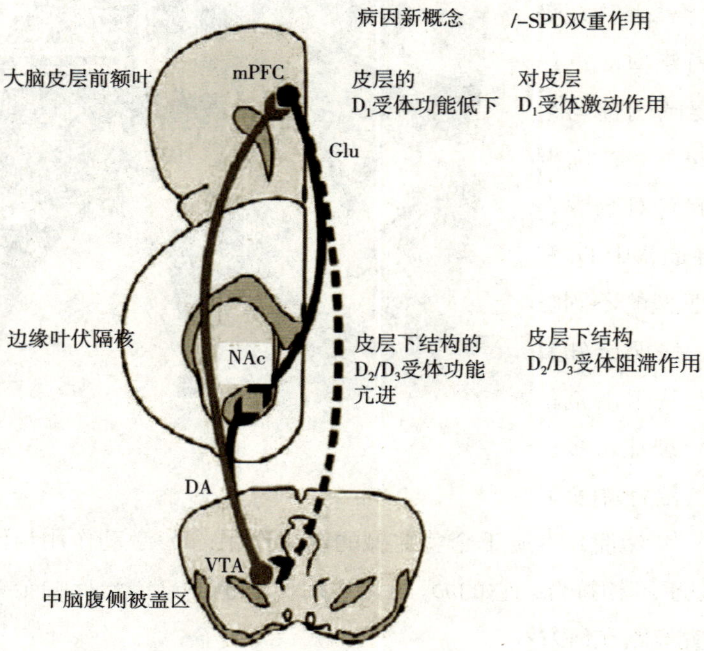

图 7–2　精神分裂症病因的新概念和 l–SPD 的双重作用的匹配部位
（金国章提供）

相匹配，是起治疗中的关键性作用。这正是“众药皆无，而左旋千金藤啶碱独有”的创新性论点。此研究观点发表于 2000 年《药理学进展》①，引起同行极大关注。著名神经药理学家金荫昌曾指出：金国章及其年轻人，经过三十多年执着研究四氢原小檗碱同类物作用于脑内多巴胺系统是一个生动的实例，可作为药理学研究的一块模板，也是世界研究中国传统医药的模板。②

随着计算机科学和计算方法的迅猛发展，其技术与方法也广泛应用在药物研究领域中。1997 年，中科院上海药物研究所嵇汝运、陈凯先、蒋华良等药物化学家采用分子模拟技术，以视蛋白的三维结构为模板，建立 D_1 受体和 D_2 受体三维结构模型。运用分子力学、分子动力学、量子

① 金国章等：抗精神分裂症药物的新概念。见：王永铭、苏定冯主编：《药理学进展》。北京：科学出版社，2000 年，第 1 页。

② 金国章、李扬主编：《金国章院士集》。北京：人民军医出版社。2015 年，第 9 页。

化学等理论计算方法发现：左旋千金藤啶碱与内源性递质多巴胺的 D_1 激动作用的三维构象，为其 D_1 部分激动作用提供了微观解释；分子动力学模拟的研究结果表明，左旋千金藤啶碱 D_1 或 D_2 受体复合物有不同构象，与 D_1 受体的结合为船式构象，而与 D_2 受体的结合为椅式构象。同时，还发现左旋千金藤啶碱与由于 D_1 受体的复合体构象能量较低，转化能垒高（1.86kcal/mol），不易脱离 D_1 受体而转为 D_2 阻滞；而左旋千金藤啶碱与 D_2 受体复合体构象的能量较高，转化能垒较低（1.53kcal/mol），有可能脱离 D_2 受体再作用于 D_1 受体。这样就能很好解释左旋千金藤啶碱容易展现为 D_1 受体激动和 D_2 受体阻滞双重作用的功效，并以 D_1 受体亲和力为高的优点。①

泰山医学院丛中教授对该创新性论点非常感兴趣，积极与金国章交流合作，在临床双盲试验中，初步确证左旋千金藤啶碱对阳性症状、阴性症状均有效，尤其是以阴性症状的消失更有优点，又无帕金森病样副作用

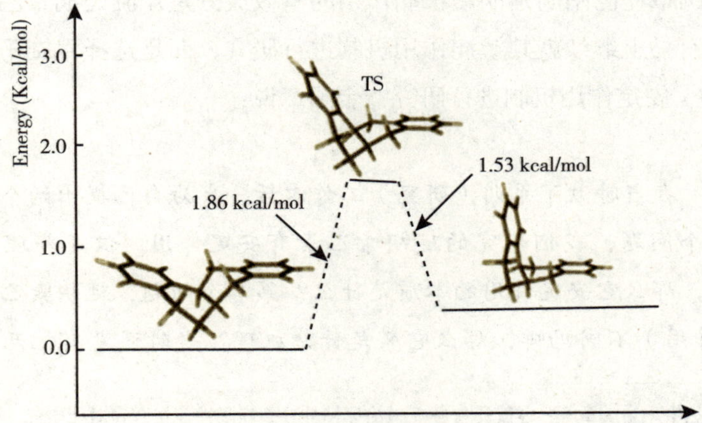

图 7-3　左旋千金藤啶碱与 D_1、D_2 受体结合的不同构象
（图中 TS 意思为转化态 transition state。金国章提供）

① Wei Fu 等：Dopamine D_1 Receptor Agonist and D_2 Receptor Antagonist Effects of the Natural Product（－）-Stepholidine（SPD）：Molecular Modeling and Dynamics Simulations。*Biophysical Journal*，2007，93：1431-1441。付伟等：四氢原小檗碱同类物分子与多巴胺受体结构的作用关系。见：金国章等：《脑内多巴胺》。上海：上海科学技术出版社，2010 年，第 601-624 页。

（后来由研究生和友证实，这是 D_3 阻滞作用的功劳）。[①] 左旋千金藤啶碱的 D_1 激动 $-D_2$ 阻滞双重作用临床验证结果支持精神分裂症病因的新论点。金国章的第一个科学假说得到证实。研究结果发表在国际著名的药理学杂志 *Trends in Pharmacological Sciences*（*TiPS*，2002 年）上。[②] 2003 年，研究团队荣获上海市科技进步（自然科学类）一等奖。

继之，金国章的博士研究生和友，于 2005 年在他的学位论文，指出左旋千金藤啶碱 D_1 激动也与 D_3 阻滞作用有密切的关系，把左旋千金藤啶碱的双重作用发展成为 D_1 激动・$5HT_1A$ 激动・$-D_2$・$-D_3$ 阻滞复合型的药理作用，继续推动原始创新向前发展。[③]

第二个发现与科学假说

金国章在已阐明延胡索镇痛作用的有效成分是左旋延胡索乙素后，为什么没有马上继续就其镇痛作用机制进行研究，而是选择左旋千金藤啶碱（*l*-SPD）安定作用机制进行研究？金国章说：

> 在当时做了系列（研究）工作以后，我为自己提出两个问题。第一个问题，我们研究的延胡索乙素有安定作用，仅是药理学表观现象，那么它安定作用的本质是什么？第二个问题，延胡索乙素的镇痛（作用）不同吗啡，那么它又是什么机理？当时还没有把两个问题加

① 从中、金国章等：左旋千金藤啶碱治疗精神分裂症阴性症状双盲对照研究。《中国神经精神疾病杂志》，2002 年第 2 期，第 121–122 页。

② 从中、金国章等：左旋千金藤啶碱与奋乃静治疗精神分裂症双盲比较。《中国新药与临床杂志》2003 年，第 3 期，第 155–160 页。从中、金国章等：左旋千金藤啶碱治疗精神分裂症双盲对照研究。《医药世界》，2005 年，第 7 期，第 643–646 页。金国章等：中脑腹侧被盖区多巴胺神经系统和相关递质与精神分裂症。见：金国章等，《脑内多巴胺》。上海：上海科学技术出版社，2010 年，第 461–462 页。

③ 和友：左旋千金藤啶碱（*l*-SPD）对多巴胺受体亚型的药理特性。博士学位论文，2005 年。

以联系起来考虑，只想到研究哪个问题更有发展前景。根据（当时）国际上的发展，安定作用更有新意，可把药理学科研工作提高到一个新水平。所以我（首先）选择研究 *l*–THP 的安定作用，使我们容易走上国际新水平。……直至 1996 年才觉得，我应花精力去思考延胡索乙素的 D_2 受体阻滞的安定作用与它的镇痛作用的关系。更直接的原因是，在那年选中一个博士研究生胡江元，他在硕士生阶段有镇痛试验和脑组织形态两方面的基础，适合于研究延胡索乙素镇痛作用机制工作。①

左旋延胡索乙素的镇痛作用部位在哪里？具体在什么脑区？通过哪些环节抑制中枢痛觉信息传递？通过什么途径来抑制痛觉信息上传？每个问题环环相扣。金国章和胡江元，结合许多试验技术开展大量的研究，最终获得较好的研究结果：阐明下丘脑的弓状核是作用部位，以 D_2 受体为接口，调控内源性内啡肽功能，作用于中脑导水管周围灰质（PAG），引起镇痛作用。这是间接增强内源性阿片肽功能，阻滞痛觉信号从脊髓上传入脑；另一方面，延胡索乙素的 D_2 阻滞作用在感觉运动脑区，抑制痛觉下

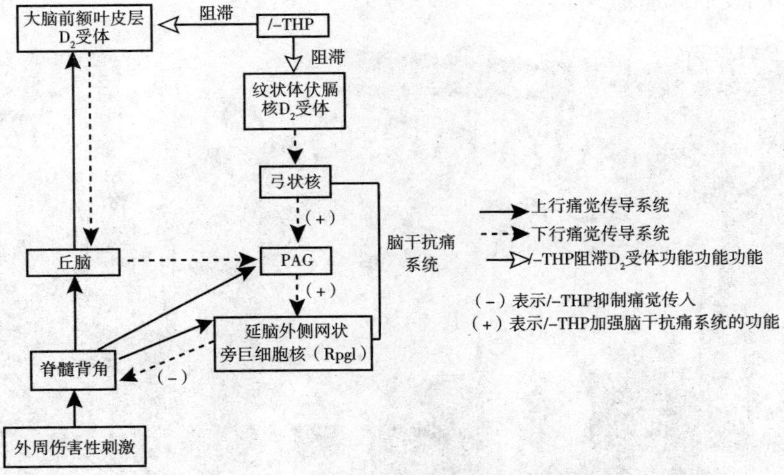

图 7–4　延胡索乙素镇痛作用机制的示意图
（中国科学基金，2000,14:300–304）

① 金国章访谈，上海，2012 年 10 月 18 日。资料存于采集工程数据库。

传。二者双管齐下，发挥延胡索的镇痛效应。对弓状核 D_2 受体起到"接口作用"（interface）。正式揭开延胡索乙素的镇痛奥秘。

此时，金国章在神经药理领域所取得的各类研究结果，貌似分离却有内在紧密联系的信息，犹如被打乱的拼图的碎片，在金国章的大脑中重组拼接，又一个重要的学术假说的雏形在他脑海中渐渐成形。1998 年，在香山学术会议，阿片成瘾性防治专题讨论会上，金国章第一次提出了延胡索乙素调控内啡肽"内稳态"平衡功能防治阿片成瘾的设想。

耄耋之龄的金国章仍不遗余力地以多种方式积极推动延胡索乙素研究工作。2008 年，与北京军事医学科学院杨征教授获得初步预想效果。2009 年，他应邀出任担任江汉大学生物医学研究院院长，与李超英教授合作，开展延胡索乙素防治海洛因复吸作用验证研究。在金国章的倡导下，研究院与武汉市公安、司法及卫生等政府部门密切合作，验证左旋延胡索乙素防治海洛因复吸的临床作用及其机理，开展具有中国特色的科学防治海洛因复吸的综合防治办法，以期为我国的禁毒事业做出应有的贡献。目前，江汉大学武汉生物医学研究院已建立起了以海外留学归国人员及博士为骨干的科研团队，并成功申请到一系列国家及省市科研项目。这对促进科研工作的发展颇有意义。

图 7-5　金国章和武汉江汉大学生物医学研究院研究团队（2009 年 5 月 12 日。前排右二：金国章；右一：李超英。金国章提供）

第八章
明德惟馨

桃李芬芳

韩愈在《师说》中说："古之学者必有师。师者，所以传道、授业、解惑也。"金国章的学术道路上也遇到了许多良师益友，他们成就了他的一方事业。他也在科研生涯中秉承师表，引导和培养学生科研思维和实践能力，为我国的神经药理学领域培养了一批批人才。

1979 年，五十四岁的金国章开始招收硕士研究生，1986 年开始招收博士研究生。截至 2007 年，二十多年间他共培养学生三十八人。在他所培养的研究生中，有一名研究生获得中国科协第二届（1990 年）青年科技奖、一名获得中科院院长特别奖（1993 年），均为上海药物研究所的首例；还有多位研究生获得中科院院长奖学金。[①] 当他八十岁寿辰之际，时任中国科学院院长的路甬祥院士，在贺信中评价他"长期在工作第一线，在潜心

① 池志强：老金相处六十年的老同学老同事。见：中国科学院上海药物研究所编：《金国章院士八十华诞纪念画册》。2009 年，第 45-46 页。内部资料。

研究的同时精心育人，培养许多学生，成为科研和教育骨干，有的在国内或国外研究机构建立了实验室，有的担负着院、校级领导工作，可谓是桃李芬芳！”金国章品性犹如中国科学院院士韩启德所言“虚怀若谷，穆如清风”。他严谨、认真、创新的科研作风犹如春风细雨一样，潜移默化地影响着他的每一位学生。正如著名神经药理学家金荫昌等人贺词所言：宽厚待人皆称赞，作风严谨精求精，国药创新硕果累，为国争光志千里。金国章以他朴实、谦虚的人品，赢得了各界名人的赞誉。

许建是金国章的第一位研究生，曾是美国华盛顿医学院神经科教授，现已退休。她曾参与金国章运用现代“神经递质与受体”理论的研究课题，研究我国传统中药的有效成分以及药理机制的科研过程。回忆起当年在金国章指导下做实验、写论文的日日夜夜，她动情地说：

> 他和学生们（常）以实验室为家，从早八点到晚十点，与我们一起讨论实验，修改论文，同进同出。有时，他修改论文至深夜，连春节除夕还找我们讨论工作。记得在修改毕业论文的时段，金老师一遍遍地修改，一字一句地推敲，修改了大约十遍，同样抄写了十遍。当时，我年轻不理解，有时还会显得极不耐烦。几十年后，我也为人师时，对论文也是约十遍地修改，这才体会到金老师当年对科学一丝不苟的科学态度。由于金老师严格要求，亲切指导，使我学到了扎实的科学理论，经历了严格的实验训练，并学到了认真的工作态度。在1984年初，（我）来到美国国立卫生研究院（NIH）Dr. Neff 实验室（E. Costa 教授任该实验室主任）时，很快就能上手工作。半年后就顺利地完成了第一篇论文，发表在美国的药理杂志上，还在美国神经药理年会上做了学术报告。报告后，Dr. Neff 热烈地拥抱我，祝贺（我）演讲成功。Dr. Neff 对同事说：“听说中国科学落后，但很奇怪，Jan 他们怎么什么都懂，什么都会做呢？”我很骄傲地告诉他，我来自中国科学院药物研究所第一药理实验室，我的导师是金国章教授。①

① 许建：我的导师金国章。2012年。资料存于采集工程数据库。

金国章的第三位硕士研究生许守玺（1981 级），在金国章指导下曾从事“脑内多巴胺神经系统与四氢原小檗碱同类物药理作用关系”研究，是国家自然科学奖三等奖（1991 年）、中国科学院自然科学奖二等奖（1989 年）获奖人之一。许守玺毕业后继续在金国章身边工作三年余。在前后六年的学习和工作期间，他亲身体会和目睹老师言传身教、平易近人，耐心、细致的科研作风。在金国章的具体指导下，他不仅顺利地按时完成了学位论文，而且部分研究结果曾参与由中国药学会组织的全国青年药学工作者优秀论文交流，文章“右旋四氢巴马汀排空多巴胺作用的进一步研究”获得一等奖。他认为，这一期间的技术训练，为他日后的科研工作打下了良好而坚实的基础，让他一生受益匪浅。①

曾任第三军医大学军事预防医学院防化医学教研室主任的董兆君研究员，是金国章 1991 招收的第五位博士生。金国章得知他家在山东老区，家境极度贫寒，有过艰辛的生活经历，便常常给予他精神上的安慰和鼓励。当时研究组专心研究四氢原小檗碱同类物（THPBs）与多巴胺神经生物学的作用关系。对董兆君而言，因为对此研究领域相关的知识知之甚少，学习上感到特别艰难。金国章就从中枢神经到外周神经，从结构到功能，从器官到分子等一一耐心讲解、指导，并引导他从已知成果中去探索发展方向。对实验结果，也与他一起重复验证。师徒二人共同对二十四个千金藤啶碱类似物的构效关系进行了详细比较研究，最后得出了四氢原小檗碱同类物的羟基数量及其位置决定其双重作用的化学结构的内在因素的结论。董兆君认为金老师数十年如一日殚精竭虑、锲而不舍，与时俱进的科学精神和态度，为他们这些有志于从事科学研究的青年人树立了榜样。②

改革开放初期，人们对物质的追求不再被冠以资产阶级思想，在物质匮乏年代被遏制的对物质的追求一时爆发开来，全国兴起以“下海”为荣的热潮。象牙塔般的科研机构也被席卷其中。许多科研人员也都放弃了自

---

① 许守玺：热烈祝贺金国章教授八十华诞。见：中国科学院上海药物研究所编:《金国章院士八十华诞纪念画册》。2009 年，第 59 页。内部资料。

② 董兆君：师恩如山师恩如海。见：中国科学院上海药物研究所编:《金国章院士八十华诞纪念画册》。2009 年，第 61 页。内部资料。

己的事业，投身到“商海”之中。是守着清贫日子追求科学梦想，还是放弃那份对理想的坚守去拥抱财富？许多研究生感到很茫然。有一天晚上，金国章如日常一样，晚饭后步行七八分钟到实验室工作。无意中发现相邻的实验室聚集了不少人在开会，令他十分诧异。次日了解到，他们在搞传销活动，以期改善自身生活。他的实验室内也有一名学生参加此活动。金国章便及时阻止与进行规劝。他担忧年轻人浪费了青春，荒废了学业，自毁前程，三思之后，他提出“安贫乐道，志在前程，为国争光”与研究室师生共勉。

他在组会上，反复给学生们讲解这十二个字的含义：安贫是中国人治学的一个精神概念。通常做基础研究的人，要淡泊名利，献身科学事业，就不能追求金钱，把目光放远，达到宁静致远。特别是对正在读书的年轻人，只有安静，才能乐道；只有乐道，才能做出成绩，才有远大前程。不管将来你们毕业去国外深造，或在国内发展，都应为国家做贡献，为国争光。生活每一天都在变，而科研人员的志向与方向不能变。他亲自把这十二个字写在一张纸上，认认真真地装在镜框里，挂在实验室最醒目的地方。有了这样的共识，研究组全体成员始终围绕脑内多巴胺功能与四氢原小檗碱同类物的药理学开展研究，没有分心去搞所谓的“开发”，也没有去眼红别人的发财。①

为了把学生的精力与兴趣吸引到科学研究上，金国章想方设法，付出了许多心血。除了时常开展组内研讨会外，他有时还请来国外工作的学生们做专题学术报

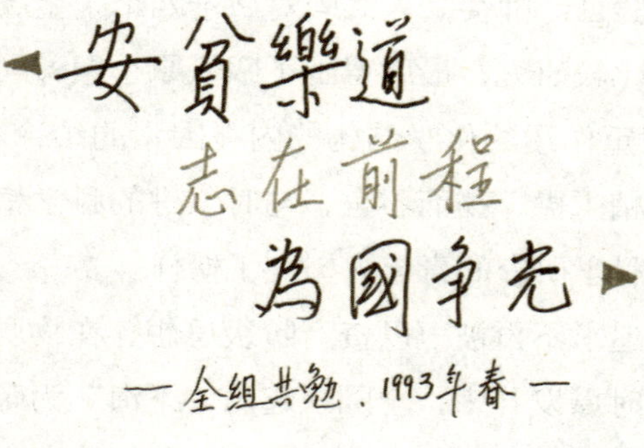

图 8-1　金国章手书“安贫乐道，志在前程，为国争光”（1993 年春。2011 年杨怀东摄）

---

① 张雪翔：知识分子的典范。见：中国科学院上海药物研究所编：《金国章院士八十华诞纪念画册》。2009 年，第 64-65 页。邹灵龙：安贫乐道的治学楷模。见：中国科学院上海药物研究所编：《金国章院士八十华诞纪念画册》。2009 年，第 62-63 页。

告。报告内容所涉学科领域丰富，包括神经药理学、电生理、生物化学、组织化学、医学等广泛的学科知识。学术讨论让大家丰富了知识、开阔了视野、开辟了新的思路、优化了学术论点。每个人都成为这项活动的积极参与者和受益者，大家都沉浸在浓郁的学术气氛中。1993年秋，跟随金国章攻读博士学位的刘健（现任职于圣地亚哥生物研发公司，资深科学家，从事针对肿瘤及神经退变性疾病的非病毒载体的基因治疗工作），对此印象深刻：

> 从一开始，那股浓重的学术气氛就给我留下了很深的印象，但实验室的布局和条件却是个狭小的空间，很难让人把它与国内一流的科研院所联系在一起。实验室每两周有一次组会，主要讨论学术方向和科研进展。记得在一次组会上，金教授拿了一本已用过的旧挂历挂在墙上，正在大家犹豫之际，他把挂历翻转过来，我们这才发现，在挂历的背面画满了各种图案以及连线。原来，这是金教授对我们当时科研工作的阶段小结和对今后工作的设想。从那以后，每逢组会我们都会拿出那本挂历，对已解决的问题加以肯定，对遗留的问题进行讨论和补充。就这样，挂历一页一页地翻过去，一本一本地用完，我们也围绕着挂历上的设想和需要回答的问题一步一步地推进我们的工作。另一本挂历的背面是记录着每位毕业的研究生对科研工作的贡献，为大家做榜样；并以此鼓励我们在读的研究生，要找准工作定位、解决存在的问题，督促大家各自努力奋斗和探索。①

金国章在培养研究生时，非常注重因材施教。据博士研究生刘健回忆，他指导博士生开题时，常常给两个研究命题：一个命题是工作意义较大而困难多，另一个则是易于达到完成的要求而学术意义稍逊，这两个命题供由研究生自己考虑与选择。他非常重视学生自己的意愿和兴趣，允许探索难题，但也允许试验失败时选用事先提供的备用研究方案。

---

① 刘健：金国章趣事小记。见：中国科学院上海药物研究所编：《金国章院士八十华诞纪念画册》。2009年，第68–69页。内部资料。

金国章惜时如金留下了很多故事。金国章的家从当时在太原路的药物所走过去，不过五分钟的路。金国章对此非常满意，这样他就可以每天在家吃个晚饭后又回所工作，直到晚上九十点钟再回家，周末、节假日甚至生日时也是如此。后来，药物所为改善科研人员环境，分了宽敞一些的居室给他，但他为了上下班节省时间，坚持留在离单位近而空间狭小的博士公寓，一住数年。在金国章的言传身教下，研究生们也是铆足了劲，从早上七点多到所，不到晚上熄灯不离开，通宵达旦也是家常便饭。为了能通宵工作，研究生还要和警卫值班人员玩“捉迷藏”，待值班人员熄灯锁上大楼门后，再悄悄拉上窗帘，打开台灯做实验。正是有了这样一种精神和干劲，神经递质组才能在科研环境并不十分理想的二十世纪九十年代，把左旋千金藤啶碱的 D_1 部分激动、D_2 阻滞的双重作用机制搞个水落石出。①

金国章的谦虚和敬业一直也为他的学生们津津乐道。1996 年入学的朱子涛在金国章的指导下，三年时间里顺利完成了的博士论文，其核心内容和学术观点是精神分裂症的多巴胺受体匹配治疗学说。朱子涛回忆道：

> 我敬重恩师，不仅仅因为他几十年来如一日对科学孜孜以求的探索精神，更敬佩他淡泊名利、一心向学、志在千里的大师风范。每当我提及他的成就时，他总是那样谦逊淡然，把一切归（功）于党和国家对他的信任，归（功）于他站在一个“巨人”的肩膀上。和他接触多了我才理解，他的执着和坚持承载着老一辈科学家赵承嘏先生对他的期望，以及他对科学真谛求是求真的信念，和对国家肩负的使命与责任。……（他）那种宁静致远、求真求实、胸怀祖国的人生境界深深地感染着我，使我终身受用。②

1988 年 12 月 20 日是令金国章的博士生胡刚难忘的日子。那天早晨

---

① 张雪翔：知识分子的典范。见：中国科学院上海药物研究所编:《金国章院士八十华诞纪念画册》.2009 年，第 64-65 页。

② 朱子涛：我的恩师金国章。2012 年 11 月。资料存于采集工程数据库。

刚上班，金国章便带着胡刚拜见所内丁光生、胥彬、池志强等多位药理学专业的前辈和老师，向他介绍各位老师及其研究工作，也让胡刚第一次有机会聆听这些老师们的教诲。这不仅仅是一堂专业教育课，更是一堂别开生面的综合素质教育课。金国章主导的第一课让他刻骨铭心，对他日后做人、为师、做学问产生了深远的影响。日后，胡刚在金国章的悉心指导下，以优异的成绩通过了毕业论文答辩，获得了博士学位，而且获得了当年的中国科学院院长奖学金优秀奖。胡刚说：

我在金老师实验室读博期间经历的系统而严格的训练及其学术氛围的熏陶，为我毕业后的研究生涯积累了坚实的学术基础。金老师对我培养的过程，也成为我为人之师的经典“教材”，让我的学生从中受益无穷。在实施学位课题的过程中，金老师不仅适时给予指导、表扬和鼓励，而且对于我们时有的浮躁也及时予以告诫和批评，让我们始终在符合科学真谛的道路上学习、成长。而今，这也是我经常向我的学生现身说教的授课内容，让他们接受教训、少走弯路，在当今时有科研失范的氛围中，继承老一辈兢兢业业做学问的优良传统，为我国的药理学发展努力拼搏。我发自内心地感受到金老师不仅传授给我们知识和能力，而且通过对弟子们的培养，金老师为中国的多巴胺受体药理学乃至神经药理学的发展几十年如一日呕心沥血地播种、培育。①

鉴于当时我国科研条件落后的客观国情，金国章非常重视培养学生具备“自力更生，艰苦奋斗”搞科研的基本素质。2001 年入所的博士生和友②对此深有感悟：

当时，我建立了 GFP 荧光蛋白标记的 DA 受体，从另一方面继续

① 胡刚：永远的导师，做人做师做学问的楷模。见：中国科学院上海药物研究所编：《金国章院士八十华诞纪念画册》。2009 年，第 66–67 页。内部资料。

② 和友：八旬耕耘苦，卅载桃李妍。见：中国科学院上海药物研究所编：《金国章院士八十华诞纪念画册》。2009 年，第 74–75 页。内部资料。

研究DA受体，并测定了左旋千金藤啶碱对DA受体多种亚型（D_1、D_5、D_2、D_3、D_4）的亲和力。很值得怀念的是，我第一次向金老师汇报这个结果时，是2002年末在上海火车站站台上。当时他从北京开会领奖（何梁何利基金科学与技术奖）回沪，由于（他刚）手术后不久，组里安排我接站。我童心未泯，先告诉他已经测定了对D_3、D_4亚型的亲和力，然后要他猜猜哪个强。当时他眼睛一亮，接着说是不是D_3？此情此景，历历在目，现在回想起来，他可能早已考虑到D_3作用的重要性。随后左旋千斤藤啶碱的D_3受体作用成为我博士论文的一个主攻方向。……在课题研究中，我也切身体会到实验室有这种"自力更生，艰苦奋斗"的精神。当时药物所刚从太原路搬迁张江新园区，课题组的科研实验条件还不是很好。在论证左旋千金藤啶碱对D_3受体作用特性又是非常关键时刻，在所有的帕金森大鼠的旋转行为中，只能用计数器人工记录其活动。一个人两只手，两个人四只手，一手只能记录一只动物活动。该实验是慢性动物实验，实验周期又长，在正式实验中要累计记录46只动物，共计281小时（的）活动；其中一次要观察大剂量左旋千金藤啶碱在敏感化后，抑制左旋多巴诱导旋转行为持续作用时，就得从下午一点半记到五点，在动物房观察了整整一个下午。幸亏（有）俞蕾平、陈丽娟老师等的协助，她们已是人到中老年了，够辛苦的。这个实验虽经周密巧妙设计，如果没有实验室传统作风以及"自力更生，艰苦奋斗"的精神，其结果也可能很难想象。"自力更生，艰苦奋斗"，也是科研人员的基本素质，金老师常以此开导我们。我也从这次所得到的结果中体会到它的精神真谛，内心充满喜悦。

金国章的平易近人也给师生们留下深刻印象。在金国章众多的研究生中，除了几位来自上海市，绝大多数人来自其他省市。逢年过节，上海市的同学都回家过节了，而其他人则由于各种原因不能与家人团聚。金国章就邀请他们到他家共餐，大家谈笑风生，其乐融融。尽管金国章并不擅长于烹饪，但他从超市里买来的速冻饺子也足以让他们这些"饿狼瘦虎"激

图 8-2　药理三室成员在岳阳路 319 号合影（2007 年。左起：高明、郭扬、张叠、王晶茹、杨申、金国章、褚宏远、镇学初、刘长亮、孙佩华、陈学涛、俞蕾平、莫骄。金国章提供）

动一番了。一锅算不上美味的速冻饺子给学生们繁重的学习生活增添了色彩，更成为他们日后津津乐道的谈资。①

他也时常给学生们讲他年轻时的求学经历、药物所早期的趣闻轶事、给他们介绍国外的风土人情，和他们一起讨论时事。在一次联欢会上，他演唱了"大刀进行曲"，还给学生们讲解为什么要唱这首抗日战争时代歌曲，演讲情深意切，感人肺腑。特别是唱到最后一个"杀"字，配上他刚毅的手势，博得了满堂喝彩。②

同舟共济

金国章的神经药理学导师胥彬，在金国章八十寿辰时深情回顾了他们

① 刘健：金国章教授趣事小记。见：中国科学院上海药物研究所编：《金国章院士八十华诞纪念画册》。2009 年，第 68-69 页。

② 张雪翔：知识分子的典范——金国章院士。见：中国科学院上海药物研究所编：《金国章院士八十华诞纪念画册》。2009 年，第 64-65 页。

深厚的师生之情、同事之谊。胥彬回忆起那段身兼肿瘤和神经药理研究领域的日子说：

> 任务多了，肿瘤的课题也需要我去建立研究，所以我就充分信任他（金国章），充分施展他的才华。当时我们早期发表论文都是手写，没有打字机啊！写了以后要改，改了以后要重抄。所以我们每次修改，金国章都同我一起写论文……金国章同志是踏踏实实的人，国外称为这种科研人员是 bench scientists，坐在实验室的科学家。这些任务交给他，我十分放心，我们还一起发表学术论文。①

"延胡索"早期论文每篇至少要修改抄写七八次。定稿前还常请丁光生、张昌绍、张香桐等教授提修改意见，提了意见回来后再继续修改。师徒二人珠联璧合，二十世纪五十年代至六十年代初期，课题组总共发表了二十一篇学术论文，并获得一系列奖励和荣誉。金国章的勤奋和追求极致的精神给胥彬教授留下了十分深刻的印象。

金国章热爱工作，热爱他的实验室，就像家一样地呵护它。二十世纪五六十年代，一般研究人员的工资每月只有几十元，仅够养家糊口，居住和学习条件都比较艰苦，生活条件也较差。七十年代后期到八十年代初期，国家改革开放促进了国际交流，上海药物所研究人员出国交流机会也有所增多。国家政策开始允许出国归来的人员可以带冰箱回国，许多员工出国后带回彩电、冰箱等电器产品。这在当时的社会环境下都是十分令人艳羡的事。1982 年，金国章去法国 INSERM 做访问学者。一天，他在法国里昂第一大学医学院认识了在法国攻读博士学位的中国留学生苏定冯。在金国章回国前几天（1983 年），他请苏定冯陪他去买冰箱。他已经看好一个，但是要请苏定冯帮助他确认一下冰箱的性能和运输问题。他在实验室是用英语交流工作，法语只会几句问候语，因此买重要的东西，要找个翻译帮忙，以免出差错。当时苏定冯想，冰箱随便买一个就行了，何必那

---

① 胥彬访谈，上海，2012 年 10 月 9 日。资料存于采集工程数据库。

么认真。最后才知道，他买的冰箱，虽然是家用冷藏冰箱，但是他是用于实验室的，要保证零下 20℃，供冷藏试剂及实验用品，解决当时试验条件的困难。迄今已三十年，这台冰箱还在实验室发挥作用。二十五年来，苏定冯来往法国许多次。几乎每一次金国章都要叫他带一样东西回来。他要苏定冯带的既不是法国香水也不是法国面包，更不是法国葡萄酒。他请苏定冯带的是一个小小的电钻，因为是法国的产品，可用于实验专钻小动物的颅骨用，以解决试验工作的急需。还有药品、试剂、仪器等，以解决当时实验之需。

二十世纪七十年代，在许多人的观念中，研究人员和技术人员在科研中所扮演的角色是有很大区别的，但在金国章看来，他们都是科研工作中不可或缺的重要力量，金国章对所有的科研人员一视同仁。1974 年 12 月，高级实验师俞蕾平从上海第一医学院毕业，分配到金国章课题组工作。早期，金国章的实验室专门设一位带教老师安排具体的实验，有时带教老师会将需要准备的试剂写在卡片上，例如化合物的名称、需要称的重量然后加入多少毫升的蒸馏水，等等，对待这些细节问题非常严谨。俞蕾平就是这样慢慢开始学习的。时间久了，做完实验后，俞蕾平也开始学着写写实验记录，下班前交给带教老师或周末交给金老师检查。每次，金国章都会很认真地逐一检查俞蕾平上交的记录。她在实验中如遇到不清楚的地方或是不懂的地方，金国章都会不厌其烦地耐心讲解，直到她理解为止。在金国章实验室工作了四十余年的俞蕾平在金国章悉心指导下成了一名高级实验师，他们之间培养起了亦师亦友的深厚感情。她回忆：

> 金老师对技术人员的要求还是蛮严格的，希望我们都能利用工作以外的时间，多学点文化知识来充实自己，更好地服务于工作。当时“文化大革命”刚刚结束，每周有两天下了班，课题组成员必须参加室里的政治学习（当时神经组与肿瘤组为一个学习小组）。新进实验室的年轻人还要轮流到“五七干校”参加农村社会实践，接受贫下中农的再教育。我们下班后或周日都会去参加业余补课，当时由于身处

图 8-3 金国章和俞蕾平参加学术会议后在遵义会议旧址外留影（2006 年。金国章提供）

那个年代的关系，毕业时都没有发放过文凭。后来，（国家）慢慢新出台一项政策规定，凡属于那个年代毕业的人员，都必须参加市里统一的初高中三门课程的文化考核，获得资格（证书）者才能去原所在学院换取一张正式文凭。另外，在上班时间基本上是不允许阅读报刊、杂志之类的刊物，只允许看一些相关文献资料（当时我们实验室的学习条件比较好，楼下就是药物所的资料室）。例如实验室需要建立具有较高灵敏度和较高选择性的微量检测方法、葡聚糖凝胶层析分离柱（Sephadex G-10）分离技术。金老师便会查找一些相关文献，提供给我，让我自己去消化。①

俞蕾平刚开始阅读外文文献困难重重，受尽煎熬。她回想说：

那时，心中的不满情绪也是有的，想想自己不过是一个小小的技术员，而且学历又不高，看到那些 A、B、C 脑袋就发晕。没办法这就是工作，也只能硬着头皮上，借助一本《新英汉英语字典》慢慢地去阅读、理解。实在是能力限制，就只能挑一些与实验方法相关的内容，逐句逐段的去理解、翻译成中文并记在纸上。②

金国章帮她克服困难，并不断给予鼓励和帮助。俞蕾平回忆说：

说真的，金老师还经常鼓励我，说我做事心灵手巧、工作认真、

① 俞蕾平访谈，上海，2012 年 10 月 16 日。资料存于采集工程数据库。
② 同①。

仔细、可信。早期和国外联系的信件都必须通过英文打字机来完成，记得研究生（汪晓立）也对我说起过，凡是由她们帮忙（如双休日）打字的信件，在金老师那（里）都通不过，唯独由我打的东西基本上都能一次过。这里又要提到一件事：组内发表的早期论文，都是我誊写完成的。虽说非常繁琐，每次誊写都要复写三份，抄写完后手都会抽筋，一点不夸张。但反过来，其实也给了我一次继续学习与了解的机遇。有一篇我们组在英国专著上发表的文章，其中画过一张有关大脑不同部位的NA与胆碱神经元作用关系的示意图（用于英国的国际学术会议）就是我在金老师指导下完成的，该图后来还被国外出版商用作宣传订书的广告。①

至今，令俞蕾平感受颇深的是，在金先生修改文章时，都会利用写过字的废纸背面来修改；如果稿件打印后，有半页纸没利用上，他便会用小刀将那空白半张纸裁剪后放回到书桌右手边的抽屉里，以便需要时再用。不知不觉，这件小事金国章一做就是四十年。金国章在生活上也会给予同事无微不至的关心。那时，社会上女士都流行烫头发，而上海只有简易的卷发器，放炉子上热热，用起来很容易烫伤头皮与发质。金国章在法国学习期间还特意去商店买了一个可以插电加热的卷发器送给俞蕾平。而金国章在上海也很少出门，几乎不去逛街，他身上穿的衣服有些是研究生帮买的。这件微不足道的小礼物，令她铭记了一辈子，至今仍然保存完好。

2010年的一个冬天，俞蕾平正在实验室工作，突然接到金国章打来的电话。他说了不少有关吃核桃的很多益处，并说给她买了一大袋核桃，因为太重，让她抽空去他家里取一下。放下电话，俞蕾平心里一股暖流涌上心头："金老师身为著名科学家，还不忘我一个已退了休的实验室技术员。"这份情意不禁令她潸然泪下。

---

① 俞蕾平访谈，上海，2012年10月16日。资料存于采集工程数据库。

老骥伏枥

2001 年，金国章当选为中国科学院院士。他已在所钟爱的药理研究领域默默耕耘了近半个多世纪，但他对延胡索乙素探秘的脚步并未停止。

现任武汉江汉大学生命科学研究院常务副院长的李超英教授，就深得金国章的提携。李超英与金国章初次结识是在 2003 年夏季，当时他在位于美国特拉华州（Delaware）的阿斯利康（Astra Zeneca）制药公司新药研发部担任研究员。2002 年，因金国章在国际顶级杂志 *Trends in Pharmacological Sciences* 上发表了一篇论文综述，系统阐明了千金藤啶碱的 D_1 受体激动，D_2 受体阻滞的双重作用机理以及用于治疗精神分裂症的前景，在国际学术界及制药界引起极大关注。公司委派他回国时去上海拜访金国章。金国章热情接待了他，并就相关问题进行了深入的交流和探讨。短暂的接触，使他为金国章严谨的科研态度、孜孜不倦的探索精神所折服。当他知道金国章长期以来都以“安贫乐道、志在前途、为国争光”的话语来与学生共勉时，他被深深打动了。

2004 年夏季，金国章受李超英邀请，前往美国阿斯利康公司访问。在彼此的交流过程中，李超英更加钦佩金国章，认为金国章不仅是我国多巴胺领域研究的开创人，科研方面硕果累累，他更是一位爱国志士，把为国争光、为国家强盛做贡献作为科学工作者的己任。金国章的言行让他一直埋藏心底的报效祖国之情又在心中激荡。于是，他向金国章表达了想回国发展的愿望。金国章对他报效祖国的想法给予了充分的肯定和大力的支持。2005—2008 年间，李超英先后三次回国交流和考察，金国章都不辞辛劳地从上海到武汉，帮助他建立事业基础，让他深受感动。在武汉市政府、江汉大学领导的大力支持下，江汉大学武汉神经科学与药物研究所于 2008 年 6 月正式成立。李超英作为湖北省“楚天学者计划”特聘教授回国担任该所所长，金国章应邀担任学术委员会主任。

2009 年，金国章义不容辞地出任江汉大学生物医学研究院院长。他认为：①从国家长远利益，中西部地区开发需要人才。与李超英教授长期接触，感到他是一位报效祖国、科研事业心极强的学者，值得信赖，应该支持他的工作。②从科研发展来看，中药延胡索乙素（颅痛定）防毒品复吸的临床研究虽然已由北京军事医学科学院杨征教授获得初步效果，但仍需要进行重复临床验证，而且需要应用影像学方面新进展对其作用机理进一步深入探讨。延胡索乙素对防毒品复吸作用的可靠性研究非常重要，这是利国利民的大事。③美国马里兰大学神经药理学家黄家蓓教授见到延胡索乙素在临床应用防毒品复吸的文章后，已向美国 NIH 申请临床研究基金开展研究工作。他认为作为该研究项目的发源地上海药物所绝对不能等闲视之，出于对国家的责任心和对人才的爱惜之心。他责无旁贷地应允了校方邀请。但考虑到个人年龄及身体因素，他向邀请方“约法三章”：第一，允许他在任期中途因身体健康原因而辞职；第二，由李超英为常务副院长，处理一切工作，创造自己的发展空间；第三，兼职不兼薪，他主要从科研发展的大方向上提出指导性意见。江汉大学校方同意了金国章的要求，并表示将全力支持他们系统性开展戒毒研究工作。[①]

深受金国章科研追求精神影响的，还有李扬研究员。他于 1999 年师从上海药物研究所胡国渊教授攻读博士学位。[②] 2009 年，作为“百人计划”从美国回到上海药物所，他组建新的神经药理学实验室，并担任课题组长。由

图 8-4　金国章（左）受邀访问美国 Astra Zeneca 公司时与李超英合影（2004 年夏。金国章提供）

---

① 李超英：我的良师益友——金国章院士。2012 年 10 月 28 日。资料存于采集工程数据库。

② 李扬，中国科学院上海药物研究所研究员。2002 年中国科学院上海药物研究所药理学博士毕业。2002—2009 年先后在美国德克萨斯大学圣安东尼奥医学中心和达拉斯西南医学中心从事研究工作。2009 年 9 月入选中国科学院“百人计划”，现为上海药物研究所药理二室课题组长。

于研究领域的相似性，他很关注金先生的研究工作。李扬在学生阶段就从导师那里听说过金国章老师，他对金国章的人品和勤奋努力的精神格外敬仰。

李扬与金国章的真正熟识始于他向金国章请教学术问题。2009 年，李扬课题组开展抗抑郁症的研究，临床上，抗抑郁症药物的靶点主要是针对单胺类神经递质，但是单胺类受体对离子通道的调控机制还存在很多空白。金国章是多巴胺研究的名家，因此，李扬忐忑不安地去拜访了金国章。金国章不仅回答了具体问题，而且引导他从更广阔的方向去思考问题。李扬的科研经历主要在钾离子通道，研究内容比较单一。与金国章的交流后，令他的研究思路逐步从单一靶点拓宽到整个神经系统。李扬回忆说：

> 第一次向金国章请教时，我的思路总是习惯性地针对具体的问题寻找答案，金老师屡次提到爱因斯坦的两句至理名言："想象力比知识更重要"与"提出问题往往比解决问题更重要"。金老师也不止一次地强调要从更高的一个层面看问题。金老师围绕抑郁症和神经精神性疾病，针对多巴胺通路分析大脑皮层和边缘系统，层层剖析，深入浅出，娓娓道来。从疾病到神经通路，从系统到靶点，金老师总是能够指出问题的关键。每次和金先生交流，不仅是知识体系的更新，更是处处能感受到科学思维的火花。两个多小时不知不觉就过去了。经过三次深入交谈，我才深切体会到了金先生所说的"想象力比知识更重要"的丰富内涵，也逐步学会了从更高的一个层面上看问题的方法。[①]

通过与金国章的交流，李扬体会到："科研不仅仅是追随国际前沿，在药理学方面我们更应该强化自己的研究特色，所以继承和发展药物所的研究成就是面向国情和院情研究的重要切入点，也是目前刻不容缓的任务"。

① 李扬：勤思豁达明理念，笃志力行促发展，探索开拓求创新。2013 年。资料存于采集工程数据库。

最近，李扬课题组在多巴胺受体对离子通道的研究取得了新进展，金国章闻之深感欣慰。如今，李扬与金国章已经成了忘年之交。

幸福之家

图 8-5　金国章和妻子吕宝芬（摄于 1954 年，金国章提供）

一个人的时间和精力总是有限的，事业与家庭总难以兼顾。金国章面对课题组大家庭和个人小家庭，两难齐全时，他只能以“大家庭”为重。这令身为丈夫、父亲角色的金国章时常感叹“鱼和熊掌不可兼得”。这声感叹中包含了几多无奈、几多失落和几多愧疚，只有他自己能体味到。

1948 年，金国章与邻村太平村小学毕业的吕宝芬结婚，如今相濡以沫七十载。他们已携手度过青年时糟糠夫妻、中年时患难夫妻的生活，步入相依为命的老年生活。金国章结婚时，他还是浙江大学二年级学生，二十一岁。金国章在跟随父亲在太平村补习功课时见过吕宝芬。她那时正为小学烧饭，也常常帮金国章父亲烧炉子，金国章去取火炉回房时见过面。受父母之命，金国章与吕宝芬成婚。成婚时，由于金国章在浙江大学上学，拜堂成亲还是由金国章二姐顶替的。1953 年，吕宝芬从杭州调来药物所，作为技术人员在丁光生教授主持的药理室参加血吸虫防治新药研究，一家才得以团圆。两人育有一双儿女。儿子现在浙江大学财政系担任教师，女儿在美国一家信息科技公司工作。如今，他们都已各自成家立业，金国章已是儿孙满堂。他的孙子在美国获得硕士学位，在美国信息公司工作。外孙女在美国攻读八年制的医学博士。

金国章一心扑在工作，家中里里外外一切事物都由吕宝芬操劳，他亲切地戏称她是“家庭总理”。爱人对他工作的理解与支持、生活的悉心照顾，一直令他心存感激。他说，近年，夫人出现老年痴呆症表现，出门会忘记回家的路。这是给他一个报恩的机会。谈到此，金国章用大家耳熟能详的歌曲“十五的月亮”中的歌词来“军功章有我的一半，也有你的一半”，向夫人表达对他多年只顾工作的包容理解及对他生活无微不至照顾的感激之情。

图 8-6　金国章和妻子吕宝芬在女儿美国家中（2007 年。金国章提供）

金国章是个忘我工作的人，周末也常常在实验室度过，对家庭、妻儿照顾欠周。因年老耳背，吕宝芬有三次在马路上受到创伤。有一次是金国章因病住在中山医院，她回家取物在十字路口被自行车撞伤，正好有位行人相助而获救。巧合的是，行人正是金国章住院病友的女儿。这使住院的金国章感到特别伤感与内疚，这件事也让他一直耿耿于怀。如今，吕宝芬因年老出现记忆力衰减，金国章为了她的安危和生活，常常把妻子带在身边，包括采集小组采访他时也如此。采集小组采访吕宝芬时，她对早年往事，例如参加过的血吸虫防治新药研究还记忆犹新，但对她与金国章同甘共苦的岁月所存记忆不多：

对他工作，我一点都不打扰他，他有时候星期天也跑所里去了，他想到有件事情要做了，就跑所里去了，家里离药物所很近，只有五到十分钟之遥，他跑了就跑了，我也不去找他。在二十世纪五六十年代是他工作最忙最辛苦的时期，进行电药理试验，在深夜出结果是常事，有时等他回家吃饭，经常等不到人。有一次，他（工作）搞到深夜还没回家，我（打算去找他），（药物所的）太原路大门已紧锁，而他的实验室，从围墙外看（过去）还有灯，我就知道他还没有动身走，我绕道岳阳路319号跑过去，在门口相遇，我问他饭吃过没有，他说没有。①

图8-7　金国章与儿子金思毅、女儿金思恬（在上海市岳阳路中科院幼儿园内，1957年9月1日。方圣鼎摄）

在金国章的儿女眼里，金国章是个讷于言敏于行、身教重于言教的父亲。据其女儿回忆，小时候，她只记得都是由外婆照顾他们两个。每天晚上，父母回来吃完晚饭，稍微休息一下，就又坐在书桌那边思考自己工作的事情，而她也不知道父母在忙什么，父母也不来管他们，这与多数父母总是要求子女学习显示出不相同，金国章对小孩的学习没有频繁过问。父母爱读书学习，孩子们也就慢慢养成喜欢看书的习惯。金国章专心致志看书的形象也潜移默化地影响了孩子们，他们做事情就会聚精会神。由于工作繁忙，全家难得共聚一起玩乐。令金国章儿子金思毅忆起往事不禁眼眶泛红的一幕，是在"文化大革命"期间，因为停课、科研停止，金国章难得有时间在家里，陪儿子一起下六角跳棋。尽管工作繁忙，但在子女人生成长的关键时刻，金国章总是及时给予指导和鼓励。金思毅仅读到高中第一个学期时，就响应"知识青年上山下乡"的号召，到农村接受再教育去了，没有完成"学业"，在木器厂里当了十年工人。高考恢复时，金国章给他写了很多封信鼓励儿子一定要参加高考。金思毅回忆说：

那时候我自己没有信心，为什么？我们当时都是读书无用论，书

① 吕宝芬访谈，上海，2011年9月14日。资料存于采集工程数据库。

本都丢掉了，数理化、历史、地理一片空白，我是一点信心都没有。这时候我爸爸多次来信鼓励我一定要学知识，一定要参加高考，他从复旦大学弄了一套复习资料，有了这个复习资料，真是雪中送炭。（由于白天要工作）我只好利用业余时间，在复习资料上仔细地花点时间临时突击，我总算还有一点运气吧，能够顺利地参加高考，成为恢复高考后第二年被录取的78届的大学生，从此在（走上）教书育人这个岗位。①

在儿子眼里，金国章是个低调做人、高调做事的人。他说：

我父亲待人非常谦和，处事非常低调，这一点也深深影响我。他（至今都）与中学和大学时代的老师、同学们都保持着深厚的友谊，牢记当年老师、同学的帮助，在别人遇到困难时，他总是竭尽所能地伸出援助之手；更重要的是一些学术方面（的学术知己）专家，有在北京或在上海的（年龄比他长或者身体不好的），在学术方面对他有过指点，使他进步，他都深刻地铭记在心。他经常利用去北京出差的机会探望他们，做些自己力所能及的事情。我觉得父亲这方面的人品确实很打动我们……还有，在当年他的工作中，有几次获得奖金后，他就会马上考虑到他的团队成员中，哪些人做出过贡献。②

在儿媳卢漱玉的眼里，金国章是个勤勤恳恳、爱岗敬业的人，她说：

我印象中就是我爸爸对他的专业、学术、学生真是很用心的。有时候，学生向他请教一些专业的问题，他就会提前准备。前一天晚上他就会看资料（看到很晚），（第二天）他就给学生很详细地讲解。如果是所里面有事情，不管天气如何恶劣，他都会去。所以我就觉得他对他专业的东西很尽心尽力。这对我也是个教育，我很敬佩他。这样

① 金思毅访谈，上海，2011年9月14日。资料存于采集工程数据库。
② 同①。

图 8-8　金国章全家福（1998 年 7 月摄影上海。前排：金国章、吕宝芬；后排左起：孙子、儿媳、儿子、女婿、女儿、孙女。金国章提供）

上了年纪，心脏有时候也不是很好，血压有时候也有点高，但是他一直以事业为重，所以心里也很受感动。①

金国章知行合一，润物无声地影响着子女们，成为子女在工作与生活中学习的榜样。

① 卢漱玉访谈，上海，2011 年 9 月 14 日。资料存于采集工程数据库。

结语

金国章是一个平凡的人，但却在神经药理学领域做出了不平凡的贡献。延胡索乙素研究成果被誉为我国神经药理界把中医药实践经验与现代科学研究相结合的第一个实例。发现以左旋千金藤啶碱（*l*-SPD）为代表的四氢原小檗碱同类物（THPBs），具有 D_1 激动 $-D_2$ 阻滞双重作用；发现以延胡索乙素（*l*-THP）为代表的镇痛作用新机制。提出两个学术假说：一是左旋千金藤啶碱（*l*-SPD）匹配治疗精神分裂症；二是延胡索乙素（*l*-THP）对脑内阿片系统具有“内稳态”调控作用。这一系列原创成果让他荣获“中国科学院院士”桂冠。促成金国章成功的综合因素很多，最重要的是他有“匹夫之责”，且志存高远；无论人生跌宕沉浮，对神经药理研究不忘初心，淡泊明志；一片痴情为科研，毕生辛勤耕耘，方获累累硕果。

一方水土育一方人才

家乡“半耕半读”蔚然成风，受其潜移默化，金国章读书上学是自然而然的事。田间地头的劳作赋予他良好的体质和坚韧不拔的意志，也让他亲历劳动的艰辛与丰收的快乐。这与他成年后大半生从事的科研工作有异曲同工之处。这笔精神财富铸就他坚强的科研意志力，在科研工作中表现出执着追求和锲而不舍的奉献精神。他也曾以“汗水、机遇、理念”为题名，著文概述自己的人生。

诞生在一个重视教育的家庭是金国章人生的最大幸事。父母倾其全力保障了他受教所需各项费用。知书明理、大智大勇的父亲，不仅制定了家庭“反馈式教育”，让五个儿子都享受到教育，而且在金国章报考初中时，执意让他考名校金华中学。就读名校让金国章吸收到较全面的自然科学和社会科学知识，也为他日后从事药理学研究打下较好的文化基础。不知书但明理的贤惠母亲，让金国章懂得待人接物、为人处事之道，培养了他“温、良、恭、俭、让”的美德。

苦其心志，劳其筋骨，笃志药理学

金国章小学学业分别在本村非完全小学和邻村的完全小学完成。为考上金华中学，他随父上学补习一年半。补习期间曾四次报考初中。两次被其他中学录取但放弃入学，两次报考金华中学，终得偿所愿。初中毕业考上“浙江省立临时联合高级中学”，却因患病错失良机。在家边修养边备考，一年后以优异成绩考取金华中学高中公费生。浙江大学药学系三年级时，从急性患腹膜炎中逃过一劫，拖着虚弱病体，坚持学业，仅延期半年完成学业。

不期而至的病痛虽然打乱了金国章的上学读书的节奏，但却让他意外收获了自己的梦想和理想。中学时期所患副伤寒的经历，令他对中药产生了兴趣，高中毕业就报考了浙江大学药学系；大学时期的患病经历，则增添了他对药理学的求知欲，药理学是他学得最好的一门课业。大学毕业步入中科院上海药物工作，开始从事他所钟情的药理学研究工作六十多年。“文化大革命”时，精神和肉体上受到摧残，也丝毫未能撼动他对药理研究工作的挚爱。

师之表率，厚德载物

为人之师的嘉言懿行，是人才成长的关键因素。金国章的成长受到老师们润物无声的教育和感化，日后为师的他也倾囊相授予后人。

战争年代成长起来的金国章，“匹夫之责”深入骨髓，且知行合一。这来自于他成长中老师们对他耳濡目染的教育。小学时，放学前高唱爱国歌曲的熏陶；初中在方豪校长“读书不忘救国，救国不忘读书”的教导中完成；高中时，学识渊博、治学严谨，立志“科学救国，教育救国”的胡步蟾，面对敌伪威逼诱惑，威武不屈的言行令金国章仰止；多才多艺人，人穷志不穷，乐观贤达的廖念怡老师也深受金国章尊崇。大学时期，他参加了“于子三运动”游行反抗国民党，也积极参加爱国护校活动，掌握了血型测定技术。改革开放之初，名利思想泛滥，金国章则提出“安贫乐道、志在前程、为国争光”与课题组师生共勉。

科研能力和科研素质的培养得益于大学和科研工作入门老师的引导和锤炼。到药物所工作，金国章初涉科研工作，丁光生锻炼了他动手实验的能力，在丁光生指导下学会了科研论文的写作。写作中数易其稿的体验，深谙科研的严谨，培养了他严谨治学的素质。在胥彬的引导下，拓展了国际视野，开始发表英文学术论文，迈向国际学术交流舞台。在延胡索乙素专家鉴定会上，张昌绍等专家肯定了他研究工作所取得的成绩，同时也中肯指出，不能根据推理断定它无成瘾性，必须补做实验，用事实数据说话。这次经历让他对浙大的“求是”精神有了更深刻的感悟，形成了严谨的科学作风、实事求是的科学精神。

科研理念和思维的形成来自两位名师指点。让金国章产生“听君一席话，胜读十年书”感叹的人，是生理学大师冯德培及药理学大师张昌绍教授。1953 年，冯德培主讲的“神经—肌肉研究讲座”让他耳目一新。冯德培强调青年科研工作者应当具有创新意识、逻辑性和远见性。这成为金国章科研工作的重要准则。金国章就左旋延胡索乙素（*l*-THP）安定的作用机制问题求教张昌绍教授时，他给予金国章一个哲理性指点：“药物作用机制的指导作用，往往会超过具体药物本身，影响面更大，时间更持久，作用意义更深远。”两位大师传道授业解惑的金玉良言，日后形成了金国章自己的科研理念和科研思维。科研工作中要擅于捕捉灵感，抓住机遇，踏实工作，开拓创新。科研选题时，在熊掌和鱼不可兼得的情况下要“有所为，有所不为”。科研工作要“知其然，必知其所以然”。

不忘先辈之初心，砥砺后人之前行

金国章常说，他之所以选择左旋延胡索乙素（*l*–THP）作用机理进行研究，是为了实现我国现代中药研究先驱赵承嘏院士的毕生愿望。他说，延胡索研究中，如果说李时珍是执棒起跑的第一人，那么赵承嘏先生是接力第二棒的人，他自己则是站在两位巨人肩上的人，奋力跑好“第三棒”是他的职责。金国章没有辜负赵承嘏先生的期望，他稳稳握住“接力棒”，奋勇向中药现代化研究之梦奔跑，在延胡索研究中取得一系列成果，并开创四氢原小檗碱同类物（THPBs）的多巴胺（DA）神经药理研究新领域。

他将毕生耕耘神经药理学的研究成果汇集成三本学术专著，以栽培后学:《脑内多巴胺的生物医学》（1998 年），是国内第一本该研究 DA 领域的专著;《中药延胡索研究中的新发现》（2001 年），是国际上第一本该研究领域的专著;《脑内多巴胺》（2010 年），总结了国内学者在脑内多巴胺系统研究方面的进展及特殊贡献，尤其对具有中国特色的四氢原小檗碱同类物作用与多巴胺受体结构关系的系统性研究进行了概述。该专著于 2011 年荣获“24 届华东地区科技出版社优秀科技图书一等奖”。

截至 2007 年，金国章培养学子三十八人，一人获得中国科协第二届（1990 年）青年科技奖、一人获得中科院院长特别奖（1993 年），开创上海药物所先河，还有多人获得中国科学院院长奖学金。如今，金国章仍以“老骥伏枥，志在千里”的精神传承后辈学者。协助武汉大学生物医学院开展中药延胡索乙素对防毒品复吸的药理学和临床研究工作，指导药物所课题组长李杨开展抑郁症治疗性药物研究。金国章先生，深受后人爱戴。

执子之手，相濡以沫，风雨与共

1948 年底，二十一岁的金国章，在浙江大学药学系读二年级时与同乡吕宝芬喜结连理。五年后，在药物所领导的关心下，吕宝芬调到药物所从事抗血吸虫药理实验工作，两人才得以团聚并在沪安家。“四清运动”和“文化大革命”中，夫妇二人不忘初心，相互扶持，相依相偎，相互安慰，

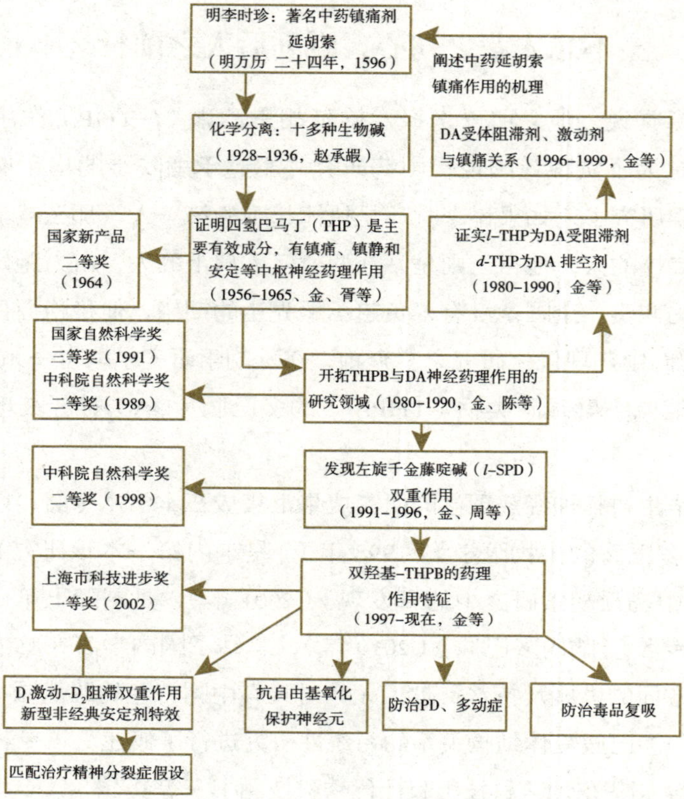

注：胥：胥彬；陈：陈嬿；周：周启霆

图结 –1　中药延胡索和四氢原小檗碱同类物（THPBs）研究历程图（2001 年制作。金国章提供）

支撑着他们共度寒冬岁月。金国章是个以工作为乐的人，吕宝芬就用柔弱的肩膀独自挑起家庭重担。正是有她对金国章科研工作的理解和支持，有她默默无闻、不计得失的付出，才有金国章令人艳羡的科研成果。金国章常称她是家庭总理，说自己的成果有一半是夫人的功劳。时光转瞬即逝，夫人记忆每况愈下，曾受夫人悉心关照的金国章担起了照顾夫人的义务，以报答她曾经的付出。如今，二老相濡以沫已是六十八载，从少年夫妻成为如今的老年伴侣；他们恩恩爱爱、风雨同舟度过了令人羡慕的钻石婚，即将迎来白金婚。对金国章而言，他做到了“修身、齐家、治学研药、仁济天下”。

附录一　金国章年表

1927 年

6 月 6 日，出生于浙江省永康市前渡金村一个农民家庭。父亲金玉良，务农兼任小学老师。母亲胡金聘，不识字。兄弟姐妹八人，排行老四。

1932 年

春节后，进入前渡金初级小学。

1934 年

春节后，进入邻村山西村的第三区私立鼎新小学读三年级。

1938 年

1 月，小学毕业。

2 月，随父亲去永康县太平小学补习功课，为升考初级中学做准备。

春季，报考金华中学未能考中。

夏季，收到了永康县初中的录取通知。但父亲让其放弃，要求他报考金华中学。

1939 年

2 月，跟随父亲，去父亲所执教的太平村小学（现已淹没于水库下）和雅庄村雅庄小学补习数学等科目。

9 月，考入浙江省金华中学初中部。

1940 年

1 月，进入金华中学初中部学习。

秋季，金华中学初、高中的学生全部回到金华原校址复课。

1942 年

5 月，金华学校决定停课疏散，部分师生在校长方豪的率领下转移到金华、武义、永康交界的东山齐云寺。

5 月 28 日金华失陷。

5 月，开始停课。

6 月至 11 月，在家乡务农，复习功课。

12 月，赴丽水大哥金国文（电报局工作）处复习功课，拟考初中第六学期插班生，后因联合初中，处州中学两个学校均不招第六学期插班生，无功而返。

1943 年

1—2 月，在大哥金国文处复习功课。

3 月 24 日，金华中学校搬迁到缙云县的棠慈（初中和校本部）和金竹（高中部）复校。

3 月，到金华中学（浙江缙云县棠慈村）读初三下学期。

6 月，初中毕业。

7—8 月，到丽水县碧湖镇考“浙江省立临时联合高级中学”。返家后，收到“联高”入学通知书，因病未能按时报到入学。

9—11 月，患副伤寒在家休养。

1944 年

夏季，报考金华中学高中部，获公费生待遇。

9 月，就读金华中学高中部，校址在浙江缙云县金竹村。

1947 年

7 月，浙江省立金华中学（高中部）毕业。考取浙江大学理学院药学系。

9 月 8 日，就读浙江大学理学院药学系，获公费生待遇，学制五年。

9 月 15 日，在浙江大学图书馆借阅了八本图书。

11 月，参加浙江大学师生发起的“反迫害、争自由”的“于子三运动”。

1948 年

3、4 月间，参加沪杭学生春季大联欢。

年底，参加浙江大学护校活动，学习掌握测定血型的技术，以备战时急需。

年底，与吕宝芬结婚。

1949 年

浙江大学三年级。

1950 年

1 月，突发胃穿孔，并发严重腹膜炎，被送到浙江大学附属医院破腹救治，浙江大学药学系主任孙宗彭代表家长签字。

在浙江大学药学院同学照顾下初步恢复。

3 月，再进行胃部切除手术，而后康复。

1952 年

1 月，浙江大学理学院药学系毕业。

2 月初，参加浙江大学组织的毕业生分配的政治学习，为期两周。

2 月 10 日，到中国科学院有机所药物研究室报到，成为第一个来室工作的国内应届大学生，任研究实习员。成为丁光生最早的一名助手，从事抗高血压药物药理研究。

7 月 30 日，药物研究所举行建所二十周年纪念活动，丁光生为新筹备的药理实验室拍摄了第一张照片，照片中只有金国章和丁光生两个人。

跟随丁光生开展离体心脏灌流试验。开展中药杜仲的心血管药理研究。

在丁光生的引荐下，参加张昌绍教授为国家卫生部主办全国药理学培训班。有幸认识他大学时就崇拜的偶像。

1953 年

1 月 23 日，中国科学院下达文件，研究室独立为中科院药物研究所，任命赵承嘏为药物研究所所长。经过扩建的上海药物研究所设立化学合成、抗生素和药理三个研究组。药理组组长则由丁光生担任。

5—6 月，药物研究所的植物化学组和药理组从武康路入驻岳阳路 320 号主楼。

丁光生开始解决实验动物和建设动物房。

跟随丁光生逐步掌握临床麻醉的实验技术，并开展实验动物狗的颈部“动脉皮桥”手术，制作狗的肾型高血压模型，进行血压测量试验。

在丁光生的支持下，参加时任中国科学院生理生化研究所所长的冯德培研究员，为所内新来大学生开办的一个有关神经生理学的系列讲座。学习到神经－肌肉传递作用的相关知识，了解到由冯德培提出的乙酰胆碱（acetylcholine，ACh）化学传递的论点。

上海分院组织科研人员开始系统学习辩证唯物主义、实践论、矛盾论，持续数年之久，请院外专家讲课，各研究所分小组学习，在每周下午讨论交流，再请院外专家答疑。担任学习小组组长。

1954 年

开展中药“杜仲”提取液对肾型高血压狗的疗效试验研究。

药物所决定在“杜仲”的研究基础上，对另外十五种中药的降压效果进行初筛。然后，再与药物化学组合作，进行更深入的药理研究。在众多的中药选项中，“藜芦”被选中。

1955年

与丁光生一起开展中药“藜芦”结晶品对模型狗的降压作用及其作用机制研究。

11月24日，中科院上海药物所成立首届学术委员会，时任上海医学院教授兼教研室主任的张昌绍教授，兼职担任上海药物研究所药理学科的学术委员。增加了金国章得其指导的机会。

1956年

5月，任中国科学院药物研究所助理研究员。

夏，金国章征得丁光生同意后，从高血压组转入神经组。与胥彬共同研究延胡索的神经药理作用。

12月，与丁光生、林吉强、张淑改合作的研究成果“治疗高血压药物的研究——Ⅰ. 中药藜芦的降低血压作用”和“治疗高血压药物研究——Ⅱ. 中药杜仲降压的毒性和实验治疗”。两篇文章同时发表在《生理学报》上。这是他人生中第一、二篇学术论文，也是药理实验室最早的两项研究成果。

1957年

6月，与胥彬合作的两篇论文“延胡索的药理研究——Ⅰ. 延胡索素甲、乙和丑的镇痛作用”“Ⅱ. 延胡索素乙和丑的耐药性”，同时发表在《生理学报》。

1958年

1月，与胥彬合作的研究成果“天目藜芦碱乙的降低血压机制”发表在《生理学报》。与陈瑞婷、王道苑、胥彬合作的“延胡索素乙和丑对循环和呼吸的影响”发表在《药学学报》。

参加上海分院的“红与专”大会活动。

负责延胡索乙素的临床验证工作。

参与解决“延胡索乙素”药源问题。

1959 年

5 月，与上海第一医学院和第二军医大学附属的五个医院协作开展“延胡索乙素”镇痛临床试验。

9 月底，作为上海市科技界代表之一，赴北京参加国庆十周年庆典庆祝大会。

10 月 1 号，在天安门下面的观礼台上，观看各种检阅和表演，领略到各行各业人才的风采。晚上，广场上举行了庆祝烟火表演晚会。之后几天，参观工业展览馆、农业展览馆、科技馆。

1960 年

4 月，与唐希灿、胥彬合作研究的“延胡索乙素的毒性和对平滑肌的影响”发表在《药学学报》。

5 月，“延胡索乙素”镇痛临床试验有满意效果：证实了“乙素”的良好镇痛效能，副作用小，安全性好。

6 月，与邹冈、唐希灿、陈瑞婷、胥彬合作的“延胡索乙素对中枢神经系统的作用”发表在《生理学报》上。

7 月 4 日，经上级批准，中国科学院药物研究所药理研究室正式成立。全室有科研人员、技术人员、研究生以及全国各地来的进修人员共六十二人。

在《上海市科学技术论文选集Ⅵ》（医药卫生分册）提出延胡索乙素为安定剂的新思路和新概念。

1961 年

负责越南的裴庭创（Bui-dinh Sang）教授颅通汀（rotundine）药理学验证。

1962 年

与胥彬合作的第一篇英文论文“Parmacological study of tetrahydro-palmatine and its analogs A new type of central depressants”发表在国际著名生理药理学家海门斯 C. Heymans 教授七十岁纪念论文专集——比利时出版的《国际药理学杂志》上。

8 月，与唐希灿、胥彬合作的“延胡索乙素同型物的化学结构和疗效关系”发表在《药学学报》。

1963 年

12 月，与张振德、胥彬合作的“延胡索乙素在机体内的变化”发表在《生理学报》。

1964 年

3 月，与郑秀凤，胥彬合作的“延胡索乙素旋光异构体的中枢作用”发表在《生理学报》。

与胥彬合作的第二篇英文论文“Further studies on the pharmacology of tetrahydropalmatine and its analogs”发表在 *Int. J. Neuropharmacology*。

5 月 25—26 日，由中国科学院生物学部与国家化工部、卫生部在上海召开了“延胡索乙素”的鉴定会。专家们肯定了 *dl*-THP、*l*-THP 镇痛、镇静催眠作用的科学性和学术价值。并要求补做“延胡索乙素”对动物试验的成瘾性研究。

5 月，“延胡索乙素”荣获中华人民共和国计划委员会、经济委员会、科技委员会颁发的“四新”国家工业新产品奖二等奖。

11 月，与王月娥、胥彬合作的“颅痛定（rotundine）的神经药理作用”发表在《药学学报》。成为国内开展动物成瘾性试验的第一人。

完成延胡索乙素对动物成瘾性的试验。因“文化大革命”时期，报刊出版暂停，此文 1978 年 7 月正式发表在《生理学报》。

开始兼任第五研究组“6003”国防任务，进行药理学研究。曾与研究室副主任朱应麒出差北京与上级领导交流任务的具体要求。

1965 年

2 月 6 日，新华社专门以“延胡索乙素具有镇痛、镇静催眠作用——中药延胡索中的重要有效成分”为题予以报道。

专任“6003”任务的药理研究工作。

10 月，中科院党组书记、副院长张劲夫等人来所视察，关注“6003”任务进组。对金国章等人所取得的研究成果深表赞赏。

1966 年

3 月，上海市副市长、市委副书记宋日昌来所视察国防科研项目工作，陪同观看了的有关实验，给予了充分肯定。

下半年，“文化大革命”开始，面上的科研工作已无法正常开展。由于“6003 任务”是国防科研紧急项目，得以在干扰中艰难前行。

1967 年

5 月，第五研究室“造反队”召开批斗会，批判“资产阶级反动路线”。

1968 年

被怀疑为“二线一会”特务集团人员，遭受隔离审查和体罚等不人道待遇。

1969 年

1 月，因查无“特务”的证据，又慑于“造反队”打死药理室支部书记引起群众的义愤，春节前被解除隔离。

8 月，到奉贤参加“五七干校”劳动半年。

1970 年

由于神经药理研究组已解体，自选中药麻醉作用原理研究项目，用神经递质与受体作用的观点来探索中药麻醉作用与神经递质 Ach 的关系，直至 1974 年。

1972 年

参加国家医学课题，研究针刺镇痛的作用原理，研究项目为“针刺镇痛与神经递质 5-HT 系统作用关系的机理研究”。

1973 年

参编《中药麻醉的临床应用与探讨》撰写第十二章“中枢神经化学递质与中药麻醉作用原理的探讨”。该文为国内最早发表的“神经化学递质与受体”概念的文章。

1974 年

中科院药物所领导果断决定，重新恢复神经药理研究组，由邹冈、金国章等四名科技人员组成，并着手开始针刺镇痛作用原理研究工作。

针刺麻醉研究受到上海市领导的重视，上海卫生局专门设立“针麻办公室”。邹冈从脑神经肽入手，金国章从脑内神经递质入手，分别以不同角度开展针刺麻醉作用原理的研究。

俞蕾平进入课题组。

7 月，“谈谈中药麻醉的作用原理”发表在江苏省徐州市中麻研究协作组编的《中麻通讯专刊》。

1975 年

9 月，与邹冈参加由卫生局局长何秋澄领队，在北京召开的全国性针麻研究的讨论会议。

金国章在神经递质与 5-HT 系统与针刺镇痛作用关系研究中取得好结果，表明 5-HT 系统参与针刺镇痛作用。

1976 年

为济南军区后勤部卫生部中药麻醉学习班开始讲座和编写讲义。

参编由周金黄，金荫昌主编的《药理学进展》，撰稿中枢 M- 样胆碱能系统与中药麻醉。

1977 年

12 月，“针刺镇痛的神经原理”，第一完成人，获上海市重大科技成果奖。

左旋四氢巴马汀（*l*–THP）正式列入《中华人民共和国药典》。

1978 年

8 月，“针刺镇痛的神经原理”，第一完成人，获得全国科学大会奖。

与王月娥、张振德、胥彬合作的“延胡索乙素对动物成瘾性的试验”发表在《生理学报》。

与杜焕基等合作的“5，6– 双羟色胺对猫针刺痛的影响——神经生理、神经生化及荧光组化的研究”发表在《动物学报》。

1979 年

1 月 24 日，晋升副研究员。

参编中国药理学会主编的《药理学进展（1979）》，撰稿“中枢 M– 受体有 M_1 和 M_2 两种亚型分别与意识和运动相联系的设想”。该书 1981 年 2 月由人民卫生出版社出版发行。

招收第一名研究生许建。

1980 年

6 月，“脑啡肽和脑内神经递质与针刺镇痛关系的研究”，第一完成人，获得中国科学院科技成果奖二等奖。

10 月，赴安徽黄山参加全国第一届神经药理学术会议。担任中国药理学会神经药理学专业委员会副主任。

担任《中国药理学报》编委，直至 2007 年。

10 月，担任中国神经药理专业委员会副主任委员，至 2003 年。

与王月娥、胥彬合作的“延胡索乙素旋光异构体和四氢小檗碱对脊髓活动的影响发表在《生理学报》第二期。

“脑内多巴胺神经系统和安定剂作用”入编中国生理科学会药理专业

组主编的《药理学进展：受体·分子药理·中西医结合研究》图书。由上海科学技术出版社出版。

1981 年

指导学生施卫星研究工作，偶然发现 *l*-SPD 对 DA 受体既有激动又有阻滞的新型药理作用，经反复验证，金国章谨慎地称为“兼容作用”。成为他第一个发现的起始点。

NIH 的 E. Costa 教授（美国科学院院士）来华访问，与之探讨 GABA、Glutaminergic 受体功能的问题，开启了科研思路。

1982 年

9 月，赴法国国家卫生健康研究院（INSERM）U-171，为客座访问学者。与 M. Jottvet 院士共同研究左旋延胡索乙素的神经药理作用，证明它不是安眠药，而可能是安定剂。

1983 年

4 月，从法国回国，深入研究左旋延胡索乙素是多巴胺受体阻滞剂的药理作用。

7 月 1 日，“对金国章同志的复查报告”中认定金国章是“两线一会”特务集体假案的受害者，予以彻底平反。

中国科学院研究生部正式选派研究生施卫星出国留学，为他选定美国耶鲁大学专门从事 DA 神经系统研究的 B. S. Bunney 教授为他的导师。

1984 年

放弃美国科学院院士 E. Costa 的进修学习研究邀请，推荐研究生许建去学习、工作。

招收第一位硕博连读研究生黄开星。

1985 年

6 月，参加上海召开的中法国际性神经科学会议，介绍 *l*–SPD 的药理作用。

9 月，赴香港参加香港神经科学会第七届学术会议，访问香港中文大学。

10 月，发现左旋千金藤啶碱（*l*–SPD）对多巴胺（DA）受体具有独特的药理作用，表现为激动 – 阻滞兼容作用，是 D_1 激动 –D_2 阻滞双重作用的起点。

1985，任中国药理学会常务理事，至 1997 年。

1986 年

5 月 11 日，赴英国参加第六届国际胆碱能学术会议，并做学术报告。

5 月 18 日，访问剑桥大学。

6 月 2 日，晋升上海药物研究所研究员。

6 月 16 日，加入中国共产党。介绍人是胥彬教授和支部书记倪诗宝。

6 月，参加上海召开的中美神经科学会议，与美方代表团团长 A. Goldstein 讨论 *l*-SPD 有关的作用受体问题。

10 月 22 日，学生许守玺的论文“右旋四氢巴马汀排空 DA 作用的进一步研究”获得中国药学会举办的“青年药学工作者最新研究成果学术交流会”论文一等奖。

参加复旦大学生命科学学院复旦神经生物学讲座，讲座主题是“多巴胺系统的神经生物学及其与医学的关系”。

“脑内多巴胺系统与四氢巴马汀作用机理的研究”编入王振纲、宋书元主编的《药理学进展》，由人民卫生出版社。

“多巴胺神经系统的研究进展”入编曹天钦等主编的《神经科学前沿》，由知识出版社出版发行。

1987 年

4 月，赴香港，在香港大学生理系合作访问工作三个月。

7 月，赴北京参加亚太国际药理学学术会议。

8 月 31 日，赴澳大利亚悉尼参加第十届国际药理学会议和多巴胺卫星会议，并作特邀报告。

后期工作受此次会议启迪，以新思路取胜。

11 月，作为评议人赴北戴河参加国家自然科学奖第一届评议会。

发表 THPBs 的镇静、安定作用与 DA 受体的关系领域系列成果：“左旋四氢巴马汀和它的第二代新药——左旋千金藤啶碱的药理研究进展”发表在《药学学报》。

1988 年

7 月，赴香港参加国际“黑色激素和松果体”学术会议。

9 月，赴河南参加第二届中国药理学报编委会会议。

与宣建成、林光大、陈嫣合作的“4 种四氢小檗碱同类物的立体结构和量子化学对多巴胺受体的作用关系”发表在《中国药理学报》。

邀请法国 INSERM U-171 的三位专家分别先后来华短期工作，合作研究 *l*-THP，*l*-SPD 的作用机制，至 1991 年。

担任上海药理和毒理学会常务理事，至 2000 年。

副研究员陈丽娟进入课题组。

1989 年

4 月 9 日，加拿大 Philip Seemen 教授验证 *l*-SPD、*l*-THP、THB 作用于 DA 的试验，其试验结果与金国章课题组研究结果一致。

4—5 月，赴葡萄牙参加“第十二届国际神经生化学术会议”，并访问法国 INSERM U-171。

7 月，“长期应用多巴胺激动剂和阻滞剂对多巴胺 D_1 和 D_2 受体的调节”，第一完成人，获国家教委科技进步奖二等奖。

11 月，“脑内多巴胺神经系统与四氢原小檗碱同类物的药理作用关系”，荣获中国科学院自然科学奖二等奖。

11 月，博士生黄开星获得“中科院院长奖学金优秀奖”，颁奖人为中国科学院院长周光召。

1990 年

3 月 10 日，研究生乐卫东（与周孝达联合培养）的论文“长期应用 *l*-SPD 对 D_1 和 D_2 亚型受体的调节作用”获得中国药理学会第五届东南亚和西太平洋地区药理学家大会青年优秀论文奖。

7 月，“脑内多巴胺系统与四氢原小檗碱同类物的药理作用关系”，第一完成人，荣获国家科技成果奖证书。

7 月，赴意大利米兰参加“第十一届国际药理学会议多巴胺卫星会议”。

8 月 11 日，作特邀报告，正式表明 *l*-SPD 有 D_1 受体激动 $-D_2$ 受体阻滞双重作用。

9 月，赴香港参加香港神经科学学会年会。

10 月，邀请美国 Rutger's New Jersy 大学的 I. Creese 教授来华学术访问，讨论 *l*-SPD 的双重作用。

10 月 15 日，学生黄开星获得“中国科学技术协会第二届青年科技奖”，颁奖人为中国科学技术协会主席钱学森，这是上海药物所获此殊荣的第一人。

“脑内多巴胺及其神经药理学”入编金荫昌主编的《分子药理学》由天津科技出版社出版。

1991 年

7 月，《基础药理学》荣获国家科技成果证书，参加撰写第六、七、八章内容。

10—12 月，赴美国参加美国神经科学年会。

11 月，访问美国 Houston Baylor 医学院。

12 月，“脑内多巴胺神经系统与四氢原小檗碱同类物的药理作用关系”，第一完成人，获国家自然科学奖三等奖，入选《国家自然科学基金资助项目优秀成果选编（二）》。

1992 年

3 月，在课题组提出“安贫乐道、志在前程、为国争光”共勉词。

3 月 15 日，第五届全国神经药理学学术会议（上海），主持会议。

10 月，“中国产千金藤属植物中的生物碱及其生理活性成分的研究”，获得中国科学院自然科学三等奖。

10 月，赴美国参加美国第二十二届神经科学年会，11 月结束。

担任《生理学报》编委，至 2001 年。

担任中国药理学会神经药理学专业委员会主任，至 2004 年。

获得国家自然科学基金会药学和药理学科的第一个重点资助项目“脑内多巴胺和乙酰胆碱受体的结构、功能和配体研究”。

参加国际多巴胺学术会议。

1993 年

学生孙宝存获得中国科学院院长奖学金特别奖，开上海药物所先河。

10 月，孙宝存成为美国罗格斯新泽西州立大学的 Ian Creese 教授的博士后。

11—12 月，赴美国参加美国第二十三届神经科学年会。

在复旦大学生命科学学院的复旦神经生物学讲座，做“左旋千金藤啶碱对多巴胺受体双重要药理特性的研究展望”报告。

1994 年

担任 1994 年的国家自然科学基金会药学和药理学科评审委员会委员。

为复旦大学生命科学学院的复旦神经生物学讲座，做“中脑多巴胺神经元的电生理及药理学”报告。

1995 年

10 月，赴法国学术访问，从中获得“灵感”，设想 *l*-SPD 的 D_1 激动作用也同样有利于精神分裂症治疗。经博士学生朱子涛通过电生理试验验证。相关论点发表于《药理学进展》（2000 年）。

提出 *l*–SPD 的双重作用“匹配治疗假设（matching hypothesis）”。

担任徐州医学院兼职教授，至 1999 年。

1996 年

担任中国神经科学会神经药理学专业委员会主任，至 2004 年。

第七届全国神经药理学术会议（大连），主持会议。

重新启动 *l*–THP 镇痛作用机制研究。

1997 年

在上海参加国家自然科学基金会药学药理学科第一个重点课题（1992—1996）结题验收。

担任中国药理学会理事，至 2007 年。

1998 年

6 月，专著《脑内多巴胺的生物医学》（*Biomedical Aspects of Dopamine in Brain*）由上海科技教育出版社出版。

10 月，在第一百〇五次香山科学会议上，提出 *l*-THP 可能有抗阿片成瘾的设想。该设想后为博士生胡江元对 *l*-THP 防治毒品成瘾机制提供了新的研究空间。

12 月，“左旋千金藤碱对脑内多巴胺受体的双重作用机理”，第一完成人，荣获中国科学院自然科学奖二等奖。

12 月，全国第八届神经药理学术会议，主持会议。

专著《脑内多巴胺的生物医学》由上海科技教育出版社出版。

1999 年

3 月，神经药理专家金荫昌教授赞扬 *l*–SPD 的研究工作是“中药药理与现代药理学研究相结合的一个切入点，是前进的一块模板，也是世界研究中国传统医药的模板”。

10 月 6 日，“左、右旋氯斯库利啉及其他的制备方法和用途”发明专利授权。

2000 年

四氢原小檗碱同类物（THPBs）对 DA 受体的新药理作用发表在刊物《中国科学基金》上。

l–THP 的镇痛机制与防治毒品的作用关系成果发表在《中国药理学报》。

“多巴胺”和“抗帕金森病药”入编杨藻宸主编的《药理学和药物治疗学》，人民卫生出版社。

2001 年

当选中国科学院院士。

证实 *l*–THP 的镇痛作用与弓状核内源性的抗痛系统相关。

国家自然科学基金会的药学和药理学科的第一个重点资助项目“脑内多巴胺和乙酰胆碱受体的结构、功能和配体研究”获国家自然科学基金资助项目优秀成果。

下半年，完成国家自然科学基金研究专著《中药延胡索研究中的新发现》。之后由上海科学技术出版社出版。

2002 年

4 月，第十届全国神经精神药理学术会议（杭州），主持会议。

任浙江大学医学院兼职教授，直至 2007 年。

9 月 11—13 日，上海徐汇区中山医院进行胃部手术，身体虚弱，声带受损。

10 月，“左旋千金藤啶碱（*l*–SPD）对 DA 受体兼有激动和阻滞双重作用的新现象”获何梁何利基金科学与技术进步奖（医学药学）。

学生施卫星入选为中国科学院的“百人计划”引进人才，回国工作，开拓 DA 神经元活动的低频振荡研究。

2003 年

1 月，“左旋千金藤啶碱对 VTA–NAc–mPFC 神经系统的 D_1 激动 –D_2

阻滞双重作用”，第一完成人，荣获上海市科学技术（自然科学）进步奖一等奖。

5 月，中科院上海药物所整体迁至张江高科技园区，课题组随之搬迁。

7 月，专著《中药延胡索研究中的新发现》获全国优秀科技图书奖三等奖（国家新闻出版总署）。

2004 年

6 月 13 日，第十一届全国神经精神药理学术会议（福州），主持会议。

6 月 25 日，“中药 *l*–THP 的安定作用的研究及发现左旋千金藤啶碱（*l*–SPD）新型的药理作用”获中国药学发展奖和地奥药学科学技术奖（中药奖）一等奖。

7 月，访问美国阿斯利康（Astrazeneca）制药公司，与李超英教授学术交流。

担任无锡卫生部核医学重点实验室学术委员会主任，至 2007 年。

6 月，第十一届中国神经药理专业委员会在福州召开后，主任委员换届。

2005 年

10 月，与镇学初（后在上海药物所接替金国章神经药理学工作，现为苏州大学药学院院长）第一次见面。

担任《神经科学通报》编委，至 2009 年。

“遐思：精神分裂症病因和药物治疗”发表在刊物《中国处方》上。

2006 年

6 月，在上海参加“严重精神疾病发病机制和防治策略的前沿研究”为主题的 73 期东方科技论坛，会议上强调“21 世纪将是神经精神性疾病防治的发展时代，研究有关课题还要强调‘自主创新’的国家战略。”

8 月，积极推动和参与筹备“张昌绍先生诞辰一百周年”纪念活动，担任副主编，由第二军医大学出版《张昌绍教授诞辰一百周年纪念》文集。

“环境因素与帕金森病”一文入编陈生弟主编的《帕金森病》，人民卫生出版社。

2007 年

5 月 20 日，赴杭州参加浙江大学建校一百一十周年校庆，与池志强院士共同代表当年理学院药学系的同学赠送锦绣“春来报”给浙江大学，又参加当年理学院药学系同学叙谈会。

6 月 6 日，上海药物所祝贺金国章院士八十华诞。

6 月26 日，撰文“追念孙宗彭教授及其办学理念”，后正式发表在《浙江大学报》上（2007 年 12 月 21 日）。与陈宜张、池志强和洪孟民院士追念浙江大学药学系创办人孙宗彭教授。

7 月 3 日，中科院上海药物研究所召开金国章院士八秩华诞神经科学研讨会，镇学初主持。

2008 年

5 月 10 日，获得中国科学院研究生院“杰出贡献教师”荣誉称号。

6 月 20 日，赴武汉参加湖北省江汉大学人文大讲坛，作“科学人生——汗水、机遇、理念”的专题演讲。

2008 年 6 月，江汉大学武汉神经科学与药物研究所于正式成立，任学术委员会名誉主任。

l-THP 预防海洛因的复吸在临床获初步证实。

2009 年

进一步证实 *l*-SPD D_3 受体与精神分裂症治疗之间的关系，开展 *l*-SPD 类似物新的研究领域。

12 月，中国科学院上海药物研究所编《金国章纪念画册》出版。

8 月 19 日，“一类四氢原小檗碱类化合物、其制备方法及其组合物和用途”，获发明专利授权。

2010 年

5 月，成立江汉大学武汉生物医学研究院，金国章担任院长，李超英担任常务副院长。

8 月 11 日，“左旋千金藤啶碱（*l*-SPD）衍生物、及其制备方法和用途”，发明专利授权。

11 月，由上海科学技术出版社出版专著《脑内多巴胺》，任主编。

2011 年

发表 *l*-SPD 对 5-HT_{1A} 神经系有激动作用。

4 月，“老科学家学术成长资料采集工程”项目启动，与项目组签订任务书。

6 月 1 日，“一种具有戒毒作用的药物及制备方法”，获发明专利授权。

6 月 22 日，“四氢原小檗碱类化合物及其制备方法及其组合物和用途”，获发明专利授权。

7 月，上海科学技术出版社出版《脑内多巴胺》专著获“24 届华东地区科技出版社优秀科技图书一等奖”。

2012 年

9 月 20 日，参加在上海东方艺术中心举行的中科院上海药物研究所八十周年所庆活动。

2014 年

11 月，《中国医学院士文库：金国章院士集》，由人民军医出版社出版。

附录二 金国章主要论著目录

[1] 金国章，林吉强，张淑改，丁光生. 治疗高血压药物的研究——Ⅰ. 中药藜芦的降低血压作用 [J]. 生理学报，1956，20（4）：233-245.

[2] 金国章，丁光生. 治疗高血压药物的研究——Ⅱ. 中药杜仲的毒性和实验治疗 [J]. 生理学报，1956，20（4）：247-254.

[3] 金国章，胥彬. 延胡索的药理研究——Ⅰ. 延胡索素甲、乙和丑的镇痛作用 [J]. 生理学报，1957，21（2）：150-157.

[4] 胥彬，金国章. 延胡索的药理研究——Ⅱ. 延胡索素乙和丑的耐药性 [J]. 生理学报，1957，21（2）：158-162.

[5] 金国章，胥彬. 治疗高血压药物的研究——Ⅳ. 天目藜芦碱乙的降低血压机制 [J]. 生理学报，1958，22（1）：71-78.

[6] 金国章，陈瑞婷，王道苑，胥彬. 延胡索的药理研究——Ⅳ. 延胡索素乙和丑对循环和呼吸的影响 [J]. 药学学报，1958，6（1）：26-32.

[7] 金国章，唐希灿，胥彬. 延胡索的药理研究——Ⅴ. 延胡索乙素的毒性和对平滑肌的影响 [J]. 药学学报，1960，8（4）：186-192.

[8] 金国章，邹冈，唐希灿，陈瑞婷，胥彬. 延胡索的药理研究——Ⅵ. 延胡索乙素对中枢神经系统的作用 [J]. 生理学报，1960，24（2）：110-120.

[9] 唐希灿，金国章，胥彬. 延胡索的药理研究——Ⅶ. 延胡索乙素对狗胃液分泌的影响及其催眠作用 [J]. 药学学报，1962，9（3）：145-150.

[10] 金国章，唐希灿，胥彬. 延胡索的药理研究——Ⅷ. 延胡索乙素同型物的化学结构和疗效关系 [J]. 药学学报，1962，9（8）：487-498.
[11] 唐希灿，金国章，胥彬. 延胡索的药理研究——Ⅸ延胡索丑素和葵素的中枢神经系统作用 [J]. 生理学报，1962，25（2）：143-148.
[12] 金国章，竺心影，唐希灿，胥彬. 四氢小檗碱（N-1）的神经药理学的研究 [J]. 生理学报，1962，25（3）：181-190.
[13] HSU B. and KIN K.C..Pharmacological study of tetrahydropalmatine and its analogs：a new type of central depressants [J]. Arch.int. Pharmacodyn，1962，139（3-4）：318-327.
[14] 金国章，张振德，胥彬. 延胡索的药理研究——Ⅺ. 延胡索乙素在机体内的变化 [J]. 生理学报，1963，26（4）：347-359.
[15] 金国章，郑秀凤，胥彬. 延胡索的药理研究——Ⅻ. 延胡索乙素旋光异构体的中枢作用 [J]. 生理学报，1964，27（1）：47-58.
[16] Hsu Bin，Kin Kuo-chang. Furter studies on the pharmacology of tetrahdropalmatine and its analogs [J]. Int. J. Neropharmacol，1964，2：283-290.
[17] Hsu Bin，Kin Kuo-chang. Some pharmacological properties of corydalis B（tetrahydropalmatine）and its related compounds [J]. Scinetia Sinica，1964，8（4）：601-609.
[18] 金国章，王月娥，胥彬. 颅痛定（rotundine）的神经药理作用 [J]. 药学学报，1964，11（11）：754-761.
[19] 金国章，王月娥，包定原，胥彬. 四氢小檗碱在机体内的代谢 [J]. 生理学报，1965，28（1）：72-81.
[20] 金国章. 中枢神经化学递质与中药麻醉作用原理的探讨 //《中药麻醉的临床应用与探讨》编写组编. 中药麻醉的临床应用与探讨. 上海：上海人民卫生出版社，1973：230-270.
[21] 金国章. 谈谈中药麻醉的作用原理 // 江苏省徐州市中麻研究协作组编. 中麻通讯专刊. 1974：41-49. 内部资料.
[22] 金国章. 中麻的原理探讨（第五篇）：中药麻醉的中枢作用原理（第

十四章，160–165）；中麻配合用药的中枢作用原理（第十五章，165–166）；中麻与某些临床问题的关系（第十六章，167–169）// 济南军区后勤部卫生部：中药麻醉学习班讲义. 1976.3. 内部资料.

[23] 金国章. 中枢 M– 样胆碱能系统与中药麻醉 // 周金黄，金荫昌主编. 药理学进展. 北京：人民卫生出版社，1976：33–48.

[24] 金国章，王月娥，张振德，胥彬. 延胡索的药理研究——Ⅷ. 延胡索乙素对动物成瘾性的试验 [J]. 生理学报，1978，30（1）：67–74.

[25] 杜焕基，金国章等. 5，6– 双羟色胺对猫针刺痛的影响——神经生理、神经生化及荧光组化的研究 [J]. 动物学报，1978，24（1）：11–20.

[26] 金国章，张安中，石国富，胡继旺等. 脑内 5– 羟色胺和茶酚胺在针刺阵痛中的作用 [J]. 生理学报，1979，31（2）：121–132.

[27] 张振德，金国章，韩怡凡，俞蕾平，冯洁. 针刺对血和脑色氨酸浓度的影响 [J]. 生理学报，1979，31（2）：163–168.

[28] 金国章，王月娥，胥彬. 延胡索乙素旋光异构体和四氢小檗碱对脊髓活动的影响 [J]. 生理学报，1980，32（2）：110–116.

[29] 金国章，刘雪君，俞蕾平，许建. 脑内 5– 羟色胺能系统与左旋四氢巴马汀僵住的关系 [J]. 中国药理学报，1980，1（1）：12–17.

[30] 杨方中，许建，金国章，俞蕾平，韩怡凡. 脑内多巴胺能神经系统在家兔针刺镇痛中的作用 [J]. 生理学报，1980，32（4）：343–350.

[31] 张振德，刘雪君，金国章. 电针刺阵痛对血脑色氨酸和酪氨酸转运的影响 [J]. 中国药理学报，1980，1（2）：92–94.

[32] 金国章. 神经递质和受体研究的进展 // 金荫昌，金国章，徐叔云主编. 药理学进展（神经分册）. 北京：人民卫生出版社，1980：39–62.

[33] 金国章. 脑内多巴胺能神经系统和安定剂作用 // 中国生理科学会药理专业组主编. 药理学进展——受体 · 分子药理 · 中西医结合研究. 上海：上海科学技术出版社，1980：43–56.

[34] Jin Guo–Zhang，Wang Xiao–Li，Shi Wei–Xing. Tetrahydropr–otoberberine—A new chemical type of antagonist of dopamine receptors

[J] .Scientia Sinica. 1986，29（5）：527–534.

[35] Jin Guozhang，Xu Shouxi，Yu Leipin. Different effects of enantiomers of tetrahydropalmatine on dopaminergic system [J]. Scientia Sinica. 1986，29（10）：1054–1064.

[36] 金国章. 多巴胺系统的神经生物学及其与医学的关系 // 复旦大学生命科学学院. 复旦神经生物学讲座（序号：Ⅱ –11）. 1986：83–93.

[37] 金国章. 脑内多巴胺系统与四氢巴马汀作用机理的研究 // 王振纲，宋书元主编. 药理学进展. 北京：人民卫生出版社，1986：198–206.

[38] 金国章. 多巴胺神经系统的研究进展 // 曹天钦等主编. 神经科学前沿. 北京：知识出版社，1986：273–293.

[39] Jin Guo–zhang.（–）–Tetrahydropalmatine and its analogues as new dopamine receptor antagonists [J]. TiPS，1987，8：8182.

[40] 金国章. 中枢突触前受体的调节作用 // 周廷冲等主编. 生化药理学进展. 北京：中国医药科技出版社。1987：54–72.

[41] 金国章. 左旋四氢巴马汀和它的第二代新药——左旋千金藤啶碱的药理研究进展 [J]. 药学学报，1987，22（6）：472–481.

[42] 乐卫东，周孝达，汪无级，张扬达，虞积藻，苏启庚，金国章. 新型多巴胺受体阻滞剂 *l*–SPD 预防与治疗血管性头痛的临床研究. [J]. 中华内科杂志，1987，26（12）：681–684.

[43] 金国章. Biochemical evidence for presynatic muscarinic receptors at norad–renergic nerve terminals in the hippocampus（第 23 章）// J.Dowdall, J. N. Hawthorne 主编. Cellular and Molecular Basis of Cholinergic Function. Chichester：Enis Horwood Ltd.，1987：200–204.

[44] 宣建成，林光大，金国章，陈嫕. 4 种四氢小檗碱同类物的立体结构和量子化学对多巴胺受体的作用关系 [J]. 中国药理学报，1988，9（3）：197–205.

[45] 金国章. Structure–Activity Relationship of Tetrahydro–protoberberines on Central Dopamine Receptors：Stepholidine–A New Antagonist of Dopamine Receptors（第 7 章）// P. M. Beart 等主编. Pharmacology

and functional regulation of dopaminergic neurons. Sydney: Macmillan Press Scientifoc & Medical, 1988: 43-45.

[46] 金国章. 化学传递与突触结构（第六章）；脑内单胺能神经系统（第七章）；胆碱能神经系统（第八章）//邹冈主编. 基础神经药理学（第一版）. 北京：科学出版社，1988：100-220.

[47] Xu Shou-Xi, Yu Lei-Ping, Han Yun-Ru, Chen Yan, Jin Guo-Zhang. Effects of tetrahydroprotoberberines on dopamine receptor subtypes in brain[J]. Acta Pharmacol Sin, 1989, 10 (2): 104-110.

[48] 金国章. 乙酰胆碱和胆碱脂酶//杨藻宸主编. 药理学总论. 北京：人民卫生出版社，1989：148-164.

[49] 金国章. 多巴胺神经系统的通径及其主要生理功能（第三节）；神经递质和自身活性物质（第四节）//杨藻宸主编. 药理学总论. 北京：人民卫生出版社，1989：194-214.

[50] 金国章. 脑内多巴胺及其神经药理学//金荫昌主编. 分子药理学. 天津：天津科技出版社，1990：380-402.

[51] Jin Guo-Zhang, Huang Kai-Xing, Sun Bao-Cun. Dual actions of (-)-stepholidine on dopamine receptor subtypes after substantia nigra lesion[J]. Neurochem Int, 1992; 20 (suppl): 175-178.

[52] Sun Bao-Cun, Jin Gao-Zhang. Effects of (-)-stepholidine on firing activity of dopamine neurons in ventral tegmental area of rats [J]. Acta Pharmanologica Sinica, 1992, 13 (5): 395-399.

[53] Huang Kai-Xing, Jin Guo-Zhang. The antagonistic effects of tetrahydroprotoberberines on dopamine receptors: electrophysiological studies[J]. Science in China (Series B), 1992, 35 (6): 688-696.

[54] Hu Gang, Hu Ying, Jin Guo-Zhang. Antagonism of *l*- stepholidine on D_2 receptor-mediater inhibition of synaptosomal adenylate cyclase in rat corpus striatum [J]. 中国药理学报，1992，13（2）：104-110.

[55] 金国章. 脑内多巴胺神经系统与四氢原小檗碱同类物药理作用的关系[J]. 生理科学进展，1993，24（2）：182-185.

[56] 金国章．左旋千金藤啶碱对多巴胺受体两重要药理特性的研究展望 // 复旦大学生命科学学院．复旦神经生物学讲座（序号：137）．1993：137–150.

[57] 金国章．多巴胺 // 韩济生主编．神经科学纲要（第一版）．北京：北京医科大学中国协和医科大学联合出版社，1993：365–382.

[58] 金国章．中脑多巴胺神经元的电生理及药理学 // 复旦大学生命科学学院．复旦神经生物学讲座（序号：147）．1994：7–24.

[59] 金国章，孙宝存．左旋千金藤啶碱（*l*–Stepholidine）及其同类物作用于脑内多巴胺受体的研究进展［J］．自然科学进展（国家重点实验室通讯），1995，5（1）：55–63.

[60] 金国章，孙宝存．左旋千金藤啶碱（*l*–stepholidine）及其同类物作用于脑内多巴胺受体的研究进展［J］．自然科学进展，1995，5（1）：57–65

[61] Sun Bao–Cun，Zhang Xue–Xiang，Jin Guo–Zhang．(–)–Stepholidine shows dopamine D_1 receptor agonistic action on substantia nigra pars reticulata neurons in 6–hydroxydopamine–lesioned rats [J]．Life Sci，1996，59：299–306.

[62] Tang Yun，Chen Kai–Xian，Jiang Hua–Liang，Jin Guo–Zhang，Ji Ru–Yun.Molecular modeling of interactions between tetrahydroprotoberberines and dopamine receptors [J]．Acta Pharamacol Sin，1996，17：8–12.

[63] Zou Ling–Long，Liu Jian，Jin Guo–Zhang．Involvement of receptor reserve in D_1 agonistic action of (–)–stepholidine in lesioned rats [J]．Biochem Pharmacol，1997，54：233–240.

[64] 金国章．左旋千金藤啶碱对 DA 受体的双重作用机制 // 金正均，王永铭，苏定冯主编．药理学进展．北京：人民卫生出版社，1997：9–18.

[65] Zhang Xue–Xiang，Zhu Zi–Tao，Jin Guo–Zhang．Comparison of (–)–stepholidine and D_1 or D_2 agonists on unit firing of globus pallidus in 6–hydroxydopamine–lesioned rats [J]．Life Sciences，1998，63：

537-44.

[66] 金国章．治疗巴金森病及其他基底核疾病的药物 // 张德昌主编．医用药理学．北京：北京医科大学中国协和医科大学联合出版，1998：452-465.

[67] 金国章．脑内多巴胺的生物医学 [M]．上海：上海科技教育出版社，1998.

[68] Liu Jian，Guo Xiang，Wang Bao-Cheng，Jin Guo-Zhang．Increased phosphorylation of DARPP-32 by D_1 agonistic action of *l*-stepholidine in the 6-OHDA-lesioned rat striatum [J]．中国药理学报，1999，51 (1)：65-72

[69] 金国章，胡江元．颅痛汀 (rotundine) 的镇痛作用机制与多巴胺受体——中药延胡索研究的系统论谈 [J]．药理学进展，1999，64-73.

[70] 金国章．多巴胺 // 韩济生主编．神经科学纲要 (第二版)．北京：北京医科大学出版社，1999：482-501.

[71] 金国章．去甲肾上腺素 (第十章)；多巴胺 (第十一章) // 邹冈主编．基础神经药理学 (第二版)．北京：科学出版社，1999：167-234.

[72] 金国章．颅通汀 (rotundine) 的镇痛作用机制与多巴胺受体 // 金正均，王永铭，苏定冯主编．药理学进展．北京：科学出版社，1999：65-73.

[73] 朱子涛，金国章．阿片成瘾与中脑边缘 DA 系统的适应性变化 [J]．生命科学，1999，11 (2)：9-13.

[74] 金国章，周启霆，陈丽娟，俞蕾平，朱子涛，胡江元，丁允闽，唐放鸣，金昔陆，傅雨．四氢原小檗碱同类物 (THPB) 对 DA 受体的新药理作用 [J]．中国科学基金，2000，14：300-304.

[75] Zhu Zi-Tao，Fu Yu，Hu Guo-Yuan，Jin Guo-Zhang．Modulation of medial prefrontal cortical D_1 receptors on the excitatory firing activity of nucleus accumbens neurons elicited by (−) -stepholidine [J]．Life Sci，2000，67 (11)：1265-1274.

[76] Hu Jiang-Yuan，Jin Guo-Zhang．Arcuate nucleus of hypothalamus

involved in analgesic action of *l*−THP［J］. 中国药理学报，2000，21（5）：439−444.

［77］金国章. 多巴胺 // 杨藻宸主编. 药理学和药物治疗学. 北京：人民卫生出版社，2000：503−518.

［78］金国章. 抗帕金森病药 // 杨藻宸主编. 药理学和药物治疗学. 北京：人民卫生出版社，2000：573−504.

［79］金国章. 中药延胡索研究中的新发现（Discoveries in the Voyage of Corydalis Research）［M］. 上海：上海科学技术出版社，2001.

［80］Jin Guozhang，Zhu Zitao，Fu Yu.（−）−Stepholidine：a potential novel antipsychotic drug with dual D_1 receptor agonist and D_2 receptor antagonist actions［J］. Trends Pharmacol Sci，2002，23（1）：4−7.

［81］金国章. 脑内多巴胺系统与帕金森病的关系 // 陈生弟主编. 帕金森病临床新技术. 北京：人民军医出版社，2002：18−27.

［82］Liu Zhong−Hua，Jin Wen−Qiao，Zhang Hong−Ping，Chen Xin−Jian，Jin Guo−Zhang. Suppression of morphine−induced conditioned place preference by *l*−12−chloroscoulerine，A novel dopamine receptor ligand［J］. Biochemistry and Behavior，2003，75：289−294.

［83］金国章. 遐思：精神分裂症病因和药物治疗［J］. 中国处方，2005（8）：7−11.

［84］Li Jianfeng，Jin Guozhang，Shen Jiangshan，Ji Ruyun. *l*−Chloroscoulerine Mesylate［J］. Drugs of the Future，2006，31（5）：379−384.

［85］金国章. 环境因素与帕金森病 // 陈生弟主编. 帕金森病. 北京：人民卫生出版社，2006：50−57.

［86］Gu Wei−hua，Yang Shen，Shi Wei−xing，Jin Guo−zhang，Zhen Xue−chu. Requirement of PSD−95 for dopamine D_1 receptor modulating glutamate NR_{1A}/NR_{2B} receptor function［J］. Acta Pharmacol Sin，2007，28（6）：756−762.

［87］Wang Wei，Zhou Yuqing，Sun Jie，Pan Luanfeng，Kang Lin，Dai Zhengze，Yu Rong，Jin Guozhang，Ma Lan. The effect of *l*−stepholidine， a novel extract of chinese herb, on the acquisition, expression, maintenance, and re-acquisition of morphine conditioned place preference in rats [J]. Neurophamacology, 2007, 52 : 335-367.

[88] Wei Fu, Shen Jianhua, Luo Xiaomin, Zhu Weiliang, Cheng Jiagao, Yu Kunqian, Briggs James M, Jin Guozhang, Chen Kaixian, Jiang Hualiang. Dopamine D_1 receptor agonist and D_2 receptor antagonist effects of the natural product (−) -stepholidine: molecular modeling and dynamics simulations [J]. Biophysical Journal, 2007, 93 (5): 1431-1441.

[89] Chu Hongyuan, Jin Guozhang, et al. Recent development in studies of tetrahydroprotoberberines: Mechanism in antinociception and drug addiction [J]. Cell Mol Neurobiol, 2008; 28 (4): 491.

[90] Gao M, Liu CL, Yang S, Zhen XC, Jin GZ. *l*-Stepholidine increases the frequency of sEPSC via the activation of D_1 dopamine signaling pathway in rat prelimbic cortical neurons [J]. Acta Pharmacol Sin, 2007, 28 (5): 627-633.

[91] Gao Ming, Liu Chang-Liang, Yang Shen, Jin Guo-Zhang, Bunney Benjamin S., Shi Wei-Xing. Functional coupling between the prefrontal cortex and dopamine neurons in the ventral tegmental area [J]. J Neuroscience, 2007, 27 (20): 5414-5421.

[92] Mo J, Guo Y, Yang YS, Shen JS, Jin GZ, Zhen X. Recent developments in studies of *l*-stepholidine and its analogs: chemistry, pharmacology and clinical implications [J]. Current Medicinal Chemistry, 2007, 14: 2996-3002.

[93] Yang Kechun, Jin Guozhang, Wu Jie. The Neuropharmacology of (−) -stepholidine and its potential applications [J]. Current Neuropharmacology, 2007, (5): 289-294.

[94] 金国章. 回顾：THPBs 作用 DA 受体的研究领域及其意义 [J]. 生命科学，2008，20 : 58-63.

[95] Yang Zheng, Shao Yong-cong, LI Shi-jiang, Qi Jian-lin, Zhang Mei-

jie, Hao Wei, Jin Guo-zhang. Medication of *l*-tetrahydropalmatine significantly ameliorates opiate craving and increases the abstinence rate in heroin users: A pilot study [J]. Acta Pharmacol Sin, 2008, 29 (7): 781-788.

[96] Zhang Die, Yang Shen, Yang Chunhao, Jin Guozhang, Zhen Xuechu. Estrogen regulates responses of dopamine neurons in the ventral tegmental area to cocaine [J]. Psychopharmacology, 2008, 199 (4): 625.

[97] 刘慧芳，付伟，金国章. 非经典抗精神病药作用机制及药物发现展望 [J]. 中国药理学与毒理学杂志，2008，22 (6)：470-176.

[98] Zhang Die, Yang Shen, Jin Guo-Zhang, Bunney Benjamin S., Shi Wei-Xing. Oscillatory firing of dopamine neurons: differences between cells in the substantia nigra and ventral tegmental area [J]. Synapse, 2008, 62: 169-175.

[99] Yang Kechun, Hu Jun, Lucero Linda, Liu Qiang, Zhang Chao, Zhen Xuechu, Jin Guozhang, Lukas Ronald J., Wu Jie. Distinctive nicotinic acetylcholine receptor functional phenotypes of rat ventral tegmental area dopaminergic neurons [J]. J Physiol, 2009: 345-361.

[100] Chen XQ, Zhang J, Neumeyer JL, Jin GZ, Hu GY, Zhang A, Zhen X. Arylbenzazepines are potent modulators for the delayed rectifier K^+ channel: a potential mechanism for their neuroprotective effects [J]. PLoS one, 2009, 4 (6): e5811.

[101] He You, Yu Lei-Ping, Jin Guo-Zhang. Differential distributions and trafficking properties of dopamine D_1 and D_5 receptors in nerve cells [J]. Neurosci Bull, 2009, 25 (2): 44-53.

[102] Sun Peihua, Wang Jingru, Gu Weihua, Cheng Wei, Jin Guo-zhang, Friedman Eitan, Zheng Jie, Zhen Xuechu. PSD-95 regulates D_1 dopamine receptor resensitiza tion, but not receptor-mediated Gs-protein activation [J]. Cell Research, 2009, 19: 612-624.

[103] 金国章. 多巴胺 // 韩济生主编. 神经科学纲要（第三版）. 北京：

北京医科大学出版社，2009：362–381.

[104] Mo Jiao，Zhang Hai，Yu Lei–Ping，Sun Pei–Hua，Jin Guo–Zhang，Zhen Xuechu. *l*–Stepholidine recuced l–DOPA–induced dyskinesia in 6–OHDA–lesioned rat model of Parkinson's disease [J]. Neurobiology of Aging，2010，31（6）：926–36.

[105] Chu HY，Gu Q，Jin GZ，Hu GY，Zhen X. Electrophysiological effects of SKF83959 on hippocampal CA1 pyramidal neurons：Potential mechanisms for the drug's neuroprotective effects [J]. PLoS One，2010，5（10）：e13118.

[106] Wu Chen，Yang Kechun，Liu Qiang，Wakui Matoko，Jin Guo–zhang，Zhen Xuechu，Wu Jie. Tetrohydroberberine blocks ATP–sensitive potassium channels in dopamine neurons acutely–dissociated from rat substantia nigra pars compacta [J]. Neuropharmacology，2010，59：567–572.

[107] Chu Hong–Yuan，Yang Zhi，Zhao Bin，Jin Guo–Zhang，Hu Guop–Yuan，Zhen Xuechu. Activation of phosphatidyl inositol–linked D_1–like receptors increases spontaneous glutamate release in rat somatosensory cortical neurons in vitro [J]. Brain Research，2010，1343：20–27.

[108] 金国章，镇学初. 脑内多巴胺 [M]. 上海：上海科学技术出版社，2010.

[109] 金国章. 脑内 DA 系统与帕金森症病因研究的新概念 // 张洪泉主编. 老年药理学与药物治疗学. 北京：人民卫生出版社，2010：782–795.

[110] Gao Ming，Chu Hong–Yuan，Jin Guo–Zhang，Zhang Zhang–Jin，Wu Jie，Zhen Xue Chu. Stepholidine–induced excitation of dopamine neurons in rat ventral tegmental area is associated with its 5–HT_{1A} receptor partial agonistic activity [J]. Synapse，2011，65：379–387.

[111] Yue K，Ma B，Ru Q，Chen L，Gan Y，Wang D，Jin G，Li C. The dopamine receptor antagonist levo–tetrahydropalmatine attenuates

heroin self-administration and heroin-induced reinstatement in rats [J]. Pharmacol Biochem Behav, 2012, 102 (1): 1-5.

[112] Yue K, Ma B, Chen L, Tian X, Ru Q, Gan Y, Wang D, Jin G, Li C.L-Stepholidine, a naturally occurring dopamine D_1 receptor agonist and D_2 receptor antagonist, attenuates heroin self-administration and cue-induced reinstatement in rats [J]. Neuroreport, 2014, 25 (1): 7-11.

参考文献

[1] 浙江省永康市《前渡金谱志》编委会. 前渡金谱志（金华永康）[内部资料]. 2006.

[2] 中国科学院上海药物研究所编. 金国章院士八十华诞纪念画册［内部资料］. 2009.

[3] 高亚军. 浙江金华第一中学校志（1902—2002）[内部资料]. 2002.

[4] 孙昌建. 书生意气——浙江一师别传［M］. 杭州：浙江人民出版社，2011.

[5] 金祖孟. 胡步蟾先生纪念文集［内部资料］. 浙江：浙江省金华第一中学，2003.

[6] 王玉芝，罗卫东. 图说浙大——浙江大学校史简本［M］. 杭州：浙江大学出版社，2010.

[7] 张淑改. 淑改行迹［内部资料］. 上海：中国科学院上海药物研究所，2009.

[8] 张昌绍. 现代药理学［M］. 上海：华东医务生活出版社，1951.

[9] 陆兴华，胡刚复. 浙大西迁“总参谋长”［N］. 中国教育报，2015-08-11.

[10] 王卫平，金国章. 张昌绍教授诞辰一百周年纪念. 上海：第二军医大学出版社，2006.

[11] 邹冈. 怀念卓越的药理学家张昌绍教授［J］. 生理科学进展，1983，4（3）：278.

[12] 中国科学院上海药物所编. 池志强论文选集［内部资料］. 上海：中国科学

院上海药物所，2004.
[13] 王扬宗，曹效业. 中国科学院院属单位简史 [M]. 第二卷，上册. 北京：科学出版社，2010.
[14] 有林，郑新立，王瑞璞. 中华人民共和国国史通鉴 [M]. 第一卷（1949—1956）. 北京：当代中国出版社，1993.
[15] 中国科学院上海药物研究所编. 继往开来，再创辉煌——中国科学院上海药物研究所七十年光辉历程（1932—2002）[内部资料]. 上海：中国科学院上海药物研究所，2006.
[16] 中国科学院上海药物所编. 中国现代药物研究的开拓者——赵承嘏（1985—2015）[内部资料]. 上海：中国科学院上海药物研究所，2015.
[17] 高怡生，朱任宏，谢毓元. 我国中草药化学研究的先驱者——赵承嘏教授 [J]. 化学通报，1980（3）：50-51.
[18] 林志彬. 嘉言懿行——老一辈科学家讲述自己的故事 [M]. 北京：北京大学医学出版社，2007.
[19] 中国科学院上海药物研究所编. 丁光生的八十年 [内部资料]. 中国科学院上海药物研究所，2001.
[20] 中国科学院上海药物研究所编. 丁光生的九十年 [内部资料]. 中国科学院上海药物研究所，2011.
[21] 程新国. 海上大师：中国现代科学奠基者萍踪 [M]. 上海：上海科学普及出版社，2007.
[22] 钱伟长，白春礼. 20 世纪中国知名科学家学术成就概览（化学卷，第 3 分册）[M]. 北京：科学出版社，2013.
[23] 金国章. 回忆几件往事——纪念冯德培先生诞辰 100 周年 [J]. 生理学报，2007，59(6)：711-712.
[24] 中国科学院上海药物研究所编. 胥彬 80 华诞选集 [内部资料]. 上海：中国科学院上海药物研究所，2007.
[25] 中国科学院上海药物研究所编. 胥彬论文选集 [内部资料]. 上海：中国科学院上海药物研究所，2008.
[26] 中国科学技术协会编. 中国科学技术专家传略 [M]. 医学编，药学卷 1. 北京：中国科学技术出版社，1996.
[27] 张云鹏. 中国百年百名中医临床家丛书：姜春华 [M]. 北京：中国中医药

出版社，2002.
［28］中国科学院上海药物研究所编. 主要科技成果选编（1954—1984）［内部资料］. 中国科学院上海药物研究所，
［29］杨世杰. 药理学（七年制医学）［M］. 北京：人民卫生出版社，2001.
［30］张昌绍，丁光生，胥彬等. 药理学进展［M］. 上海：上海科学技术出版社，1962.
［31］上海市科学技术论文编选委员会. 上海市科学技术论文选集 VI（医药分册）［C］. 上海：上海科学技术出版社，1960.
［32］金国章，李扬. 金国章院士集［C］. 北京：人民军医出版社，2015.
［33］徐州医学院附属医院编. 中药麻醉［M］. 北京市：人民卫生出版社，1971.
［34］中药麻醉的临床应用与探讨编写组. 中枢神经化学递质与中药麻醉作用原理的探讨［M］. 上海：上海人民出版社，1973.
［35］张仁. 中国针刺麻醉发展史.［M］. 上海：上海科学技术文献出版社，1989.
［36］浙江省政协文史资料委员会编. 浙江文史资料选辑，第 48 辑，浙江近现代人物录. 杭州：浙江人民出版社，1992.
［37］中国科学院上海药物所编. 金国章论文选集［内部资料］. 上海：中国科学院上海药物研究所，2007.
［38］王永铭，苏定冯主编. 药理学进展［M］. 北京：科学出版社，2000.
［39］刘深著. 葛庭燧传［M］. 北京：科学出版社，2010.
［40］唐纳德·里奇著. 大家来做口述历史（第二版）［M］. 王芝芝，姚力译. 北京：当代中国出版社，2006.
［41］杨正润，现代传记学［M］. 南京：南京大学出版社，2009.
［42］叶永烈. 钱学森［M］. 上海：上海交通大学出版社，2010.
［43］竺可桢. 竺可桢日记［M］. 上海：上海科技教育出版社，2005.
［44］张维. 张香桐传［M］. 上海：上海科学技术出版社，2003.

后 记

回想2011年，受中国科学院上海药物研究所领导委托，由信息中心负责池志强、谢毓元、金国章三位院士的学术成长资料采集工作。时值信息中心成立筹备之际，传统信息服务业务亟待创新拓展，新增情报研究与服务工作刚刚起步；为满足读者和员工办公需求，原来的物理空间也亟待重新装修。但在全中心员工齐心协力下，12月信息中心正式揭牌运作。三位院士的学术成长资料采集工作成员按照中国科协的要求，同心同德克服重重困难，在专家指导下，不断听取意见，修改、补充完善，并顺利结题。

我们小组的采访对象是金国章院士。他不是来自书香门第或豪门大院，而是来自普普通通的江南农家；他未曾有机会漂洋过海领略西学风采，而是在本土滋润下逐渐成长起来的科学家；他未曾因社会时局动荡一蹶不振，而是胸怀为国争光之志，毕生潜心精研神经药理学，苦心栽培后人，终成药理研究领域造诣深厚的大师。正可谓“学问尚精专，研磨贵纯一。”（曾世霖《论学问》）心无旁骛时，自然水到渠成。他的学术成长经历对于我国人才培养研究别具价值，也对我国科技事业和科技教育发展有所助益。

在采访的过程中，我们常常被金国章院士的叙述所打动，被他为国争光、不计得失、淡泊明志的精神所感动。这种精神成为我们工作的原动力，激励我们克服困难，把工作做好。可以说，传主学术成长资料采集的过程，既是我们学习从历史视角看待个人成长的过程，也是我们感受科学家个人魅力及接受教育的过程。金院士不担任任何行政职务，他参加的社会活动不是很丰富。他唯一的爱好就是神经药理学，可以说他工作即娱乐，娱乐即工作。金先生传记的趣味性更多地体现在：细致入微的观察中获得新发现的惊喜；在研究过程中感受“山重水复疑无路，柳暗花明又一村”的欣喜；通过抽丝剥茧的推理，获得科学假说的大乐。《论语·雍也》说：“知之者不如好之者，好之者不如乐之者。”此言恰如其分地概括了金国章科研成长的特点。

本传记得以成稿要感谢金国章院士。他在实物资料的采集、口述访谈和传记的撰写中给予了我们巨大的帮助和指导。没有他对“老科学家学术成长资料采集工程”的社会价值和历史意义的认同，我们采集小组的工作就难以开展；没有他循循善诱、诲人不倦的指导，我们难以对深奥的神经递质学说、脑内多巴胺系统、延胡索乙素的特有功效等有较深入的认识；没有他不顾年高，从浩瀚的资料中帮我们梳理相关信息，回忆当年的具体、真实、细节的情况，我们是难以将复杂的脑内多巴胺神经药理研究及他当年的工作情况整理出头绪和条理来；没有他坚忍不拔、不畏艰难的精神激励，我们无法完成如此繁重的工作任务。还有，他在得知我们的实物资料不足时，想方设法、忍痛割爱进行了捐献。

感谢全体小组成员的默契配合！小组成员中除了李子艳是全职参与外，其他人员全都是兼职，压力颇大。李子艳克服身孕的不适、孩子哺乳期的困难，分担了组内大部分的工作。俞蕾平老师保障了我们采集小组与金国章院士的较顺畅的沟通，她起到了穿针引线的重要作用，我们听不懂金先生的话时，她就是我们的翻译员。在实物资料的捐赠工作中，俞蕾平给金先生做了大量的沟通工作，获得了大量具有科研史料价值的早期学术演讲手稿、书信、幻灯片等资料。她在实验室搬迁时，做了有心人，把一些有历史意义的科研仪器设备都保留了下来，捐赠给老科学家学术成长资料采集工程馆藏基地。我所办公室主任石岩森在课题交流会和采访事宜中也做了不少工作。杨怀东老师把采集小组走访金先生家乡的照片进行了汇编，创意设计了精美的图册——《寻：祝贺金国章院士八十五寿辰》，金国章院士爱不释手。在传记成稿过程中，组长利用零星的工作时间和大量业余时间进行采访、撰写、修改和审阅。2016年下半年，图书馆和情报工作由年轻人分担后，组长又对文稿从内容到格式进行了修改，尽量将深奥的专业知识、枯燥的研究经过变得生动有趣，让读者感受到科研工作中"曲径通幽处，禅房花木深"的美好意境；考证并充实了传主生活与工作的时代背景、社会变迁、单位情况，丰富了传记社会感、时代感；调研并补充政治运动对传主精神和肉体摧残的材料，及传主在逆境中依然不忘初心，仍然取得系列科研成果；对文稿中大量具体的实验工作内容进行删减，以凸显传主取得原创性研究成果的重要转折点和思路历程。尽管竭尽全力想把工作做到最好，但由于首次从事科学传记工作，缺乏经验，虽数易其稿，内心依然忐忑不安。不足之处，期望专家和读者指正！

在此，向曾为项目小组提供悉心指导和热忱帮助的中国科协有关领导、专家致以诚挚的感谢！感谢热情支持我们访谈工作的金国章院士的爱人、儿女和儿媳！金国章院士的师长九十二岁高龄的丁光生研究员、八十五岁高龄的胥彬研究员，金先生的入党介绍人倪诗宝也热心接受我们的访谈。在此一并衷心感谢！感谢金国章远在海外、外地的学生、同事、同仁应采集小组征稿邀请发来稿件！向百忙之中抽时间接待我们的金华中学的校领导们、陪同我们走访传主家乡的永康市塘先镇及前渡金村领导，致以衷心的感谢！感谢上海交大田锋博士在文稿修改中给予的帮助！感谢药物所人事处虞魁、综合办公室档案室李莉热情协助提供了很多极具参考价值的档案材料！

最后，感谢本项目组成员的父母、爱人、子女的理解和支持，他们的爱心是小组成员不断进取的动力！

老科学家学术成长资料采集工程丛书

已出版（100种）

《卷舒开合任天真：何泽慧传》
《从红壤到黄土：朱显谟传》
《山水人生：陈梦熊传》
《做一辈子研究生：林为干传》
《剑指苍穹：陈士橹传》

《情系山河：张光斗传》
《金霉素·牛棚·生物固氮：沈善炯传》
《胸怀大气：陶诗言传》
《本然化成：谢毓元传》
《一个共产党员的数学人生：谷超豪传》

《含章可贞：秦含章传》
《精业济群：彭司勋传》
《肝胆相照：吴孟超传》
《新青胜蓝惟所盼：陆婉珍传》
《核动力道路上的垦荒牛：彭士禄传》

《探赜索隐　止于至善：蔡启瑞传》
《碧空丹心：李敏华传》
《仁术宏愿：盛志勇传》
《踏遍青山矿业新：裴荣富传》
《求索军事医学之路：程天民传》

《一心向学：陈清如传》
《许身为国最难忘：陈能宽》
《钢锁苍龙　霸贯九州：方秦汉传》
《一丝一世界：郁铭芳传》
《宏才大略：严东生传》

《此生情怀寄树草：张宏达传》
《梦里麦田是金黄：庄巧生传》
《大音希声：应崇福传》
《寻找地层深处的光：田在艺传》
《举重若重：徐光宪传》

《魂牵心系原子梦：钱三强传》
《往事皆烟：朱尊权传》
《智者乐水：林秉南传》
《远望情怀：许学彦传》
《没有盲区的天空：王越传》

《行有则　知无涯：罗沛霖传》
《为了孩子的明天：张金哲传》
《梦想成真：张树政传》
《情系粱菽：卢良恕传》
《笺草释木六十年：王文采传》

《妙手生花：张涤生传》
《硅芯筑梦：王守武传》
《云卷云舒：黄士松传》
《让核技术接地气：陈子元传》
《论文写在大地上：徐锦堂传》

《铃记：张兴钤传》
《寻找沃土：赵其国传》
《虚怀若谷：黄维垣传》
《乐在图书山水间：常印佛传》
《碧水丹心：刘建康传》

《我的气象生涯：陈学溶百岁自述》
《赤子丹心 中华之光：王大珩传》
《根深方叶茂：唐有祺传》
《大爱化作田间行：余松烈传》
《格致桃李伴公卿：沈克琦传》
《躬行出真知：王守觉传》
《草原之子：李博传》
《我的教育人生：申泮文百岁自述》
《阡陌舞者：曾德超传》
《妙手握奇珠：张丽珠传》
《追求卓越：郭慕孙传》
《走向奥维耶多：谢学锦传》
《绚丽多彩的光谱人生：黄本立传》

《宏才大略 科学人生：严东生传》
《航空报国 杏坛追梦：范绪箕传》
《聚变情怀终不改：李正武传》
《真善合美：蒋锡夔传》
《治水殆与禹同功：文伏波传》
《用生命谱写蓝色梦想：张炳炎传》
《远古生命的守望者：李星学传》
《探究河口 巡研海岸：陈吉余传》
《胰岛素探秘者：张友尚传》
《一个人与一个系科：于同隐传》
《究脑穷源探细胞：陈宜张传》
《星剑光芒射斗牛：赵伊君传》
《蓝天事业的垦荒人：屠基达传》

《善度事理的世纪师者：袁文伯传》
《“齿”生无悔：王翰章传》
《慢病毒疫苗的开拓者：沈荣显传》
《殚思求火种 深情寄木铎：黄祖洽传》
《合成之美：戴立信传》
《誓言无声铸重器：黄旭华传》
《水运人生：刘济舟传》
《在断了A弦的琴上奏出多复变最强音：陆启铿传》
《弄潮儿向涛头立：张乾二传》
《一爆惊世建荣功：王方定传》
《轮轨丹心：沈志云传》
《继承与创新：五二三任务与青蒿素研发》
《化作春泥：吴浩青传》
《低温王国拓荒人：洪朝生传》
《苍穹大业赤子心：梁思礼传》
《仁者医心：陈灏珠传》
《神乎其经：池志强传》
《种质资源总是情：董玉琛传》
《当油气遇见光明：翟光明传》
《微纳世界中国芯：李志坚传》
《至纯至强之光：高伯龙传》
《材料人生：涂铭旌传》
《寻梦衣被天下：梅自强传》
《海潮逐浪镜水周回：童秉纲口述人生》